O QUE ELES PERDERAM

O que eles perderam

1-8-19-20.000

Coordenação editorial: **Ronaldo A. Sperdutti**
Projeto gráfico e editoração: **Juliana Mollinari**
Capa: **Juliana Mollinari**
Imagens da capa: **Shutterstock**
Assistente editorial: **Ana Maria Rael Gambarini**
Revisão: **Érica Alvim e Alessandra Miranda de Sá**
Impressão: **Rettec Editora e Gráfica**

Dados Internacionais de Catalogação na Publicação (CIP)
(Câmara Brasileira do Livro, SP, Brasil)

Carlos, Antônio (Espírito).
O que eles perderam / ditado pelo espírito Antônio Carlos ; [psicografado por] Vera Lúcia Marinzeck de Carvalho. -- Catanduva, SP : Petit Editora, 2019.

ISBN 978-85-7253-350-8

1. Espiritismo 2. Psicografia 3. Romance espírita I. Carvalho, Vera Lúcia Marinzeck de. II. Título.

19-28773 CDD-133.9

Índices para catálogo sistemático:

1. Romance espírita : Espiritismo 133.9

Iolanda Rodrigues Biode - Bibliotecária - CRB-8/10014

Impresso no Brasil, 2019.

Prezado(a) leitor(a),
Caso encontre neste livro alguma parte que acredita que vai interessar ou mesmo ajudar outras pessoas e decida distribuí-la por meio da internet ou outro meio, nunca deixe de mencionar a fonte, pois assim estará preservando os direitos do autor e, consequentemente, contribuindo para uma ótima divulgação do livro.

VERA LÚCIA
MARINZECK
DE CARVALHO

Ditado pelo Espírito
ANTÔNIO CARLOS

O QUE ELES PERDERAM

Av. Porto Ferreira, 1031 - Parque Iracema
CEP 15809-020 – Catanduva – SP
17 3531.4444
www.petit.com.br | petit@petit.com.br

SUMÁRIO

Conversas de amigos 7

PRIMEIRA HISTÓRIA

1º capítulo 15

2º capítulo 23

3º capítulo 36

SEGUNDA HISTÓRIA

1º capítulo 49

2º capítulo 57

3º capítulo 74

TERCEIRA HISTÓRIA

1º capítulo 81

2º capítulo 88

3º capítulo 103

QUARTA HISTÓRIA

1º capítulo 111

2º capítulo 130

3º capítulo 146

QUINTA HISTÓRIA

1º capítulo 159

2º capítulo 173

3º capítulo 184

SEXTA HISTÓRIA

1º capítulo 197

2º capítulo 203

3º capítulo 213

SÉTIMA HISTÓRIA

1º capítulo 223

2º capítulo 234

3º capítulo 243

Conclusão 249

CONVERSAS DE AMIGOS

Numa tarde de domingo ensolarada, num dia muito agradável, reunimo-nos, amigos afins, e ficamos desfrutando de uma conversa calorosa; o assunto passou a ser obsessão.

– *Eu, Antônio Carlos, já obsediei uma pessoa* – contei, relembrando o passado. – *Agi errado e, normalmente, ao agirmos erroneamente, damos desculpas ou culpamos alguém. Foi o que fiz. Tentei justificar meus atos errados dizendo que fora pelas circunstâncias do momento, medo de enfrentar a situação, de não ter coragem de abandonar o conforto, de dizer "não" às comodidades e que fui incentivado por uma pessoa que se sentia como eu: Como perder o prestígio? Como viver com menos dinheiro? Fugir? Ir para onde? etc. A desencarnação me surpreendeu. Foram então me cobrados os meus atos. Desencarnados se vingaram. Sofri muito. Tudo passa; esses espíritos que queriam a desforra se cansaram e me largaram no Umbral, então consegui raciocinar e, em vez de concluir acertadamente que errara e tivera o retorno, culpei a outra pessoa. Odiei-a. Fui então atrás desse desafeto e a encontrei reencarnada num corpo masculino. Revoltei-me. Ela desencarnara, sofrera, mas não fora perseguida como eu fora. Estava como sempre ou como era, não mudara: amava o status, o dinheiro, vivia na ociosidade. Quis me vingar e planejei. Esta pessoa não me havia feito errar? Pois era isso que deveria fazer a ela, que naquele momento era "ele". Não foi difícil, ele tinha tendências que passei a incentivar. Eu o fiz errar, cometer atos indevidos. Foi assassinado por esses motivos, por ter prejudicado uma pessoa que revidou. Quando o vi morto e seu espírito não queria deixar a matéria, me apavorei. Não gostei de vê-lo sofrendo daquela maneira. Pedi, roguei por socorro. Ele foi ajudado e eu também. Fomos separados.*

Dei por encerrado meu relato com um profundo suspiro. Não é fácil recordar dos atos indevidos que fizemos. Foi José quem quebrou o silêncio:

– Trabalho há anos em centros espíritas e estamos sempre lidando com processos obsessivos, tenho notado que se muda muito de lado, ora obsessor ora obsediado. Antônio Carlos, você foi obsessor. Foi obsediado?

– Não tenho lembranças de ter sido obsediado. Quando isto ocorreu, me justificava que, fraco, fiz o que o outro queria; no meu caso, uma encarnada. Não foi obsessão, ela somente argumentava. O que me lembro mesmo é dos meus atos como obsessor. Sei que nossos atos equivocados nos marcam mais. Este espírito, o que obsediei, não revidou. Primeiro, tinha medo

de mim, não podia me aproximar que se apavorava, depois sentia aversão. Com o tempo nos reconciliamos e hoje somos amigos.

– *Muitas pessoas, como você* – opinou Huberto –, *agem assim. O erro, a culpa, é do outro; o acerto é meu mérito. Mas a lei Divina, do Universo, é que nossos atos nos pertencem. Isso ocorre porque podemos usar ou abusar do nosso livre-arbítrio, que é uma graça a nós concedida por Deus. É pelo livre-arbítrio que temos a possibilidade de nos fazer bons ou maus. Assim, nos fazemos melhores ou piores do que Deus nos fez. Na obsessão, deduzo o seguinte: ninguém pode destruir o livre-arbítrio alheio. Pode-se prejudicar ou tentar, no caso, obsediar o outro. Entretanto, é certo: onde há culpa, há sofrimento. Com o obsessor desencarnado, tema de nossa conversa, digo que: a morte do corpo físico não destrói o negativo. Aquele que fez muitos atos equivocados, maldosos, quando encarnado, continua a ser o mesmo desencarnado. O equivocado materialista gozador se torna um materialista sofredor lá ou aqui, encarnado ou desencarnado, até que resolva se modificar reconhecendo os erros cometidos e faça o propósito de fazer o bem que não fez. O livre-arbítrio é atributo do espírito e não da matéria física. Encarnados e desencarnados podem se melhorar quando quiserem. É pela nossa vontade que podemos obter nossa paz, ou sofrimento, construir o positivo ou destruir pelo negativo. Que grande responsabilidade! Com certeza o obsessor pensa ter motivos, como escutamos de Antônio Carlos, mas, em vez de pensar, concluir e se esforçar para sair do negativo do erro, não o faz e continua errando.*

– *E você, José, o que pensa?* – Urbano quis saber.

– *Tenho, de fato* – disse José –, *visto muitas obsessões; tento auxiliar os envolvidos, alertando-os com as citações de Jesus para a lei do retorno. O que fazemos aos outros, primeiro fazemos a nós. Jesus disse: Não julgue para não ser julgado;*[1] *com a mesma*

[1] (N. A. E.): José disse as citações com suas palavras.

medida que medir, será medido.[2] *Isso para termos cautela com atos indevidos. Para mim, a mais bonita citação que eu particularmente tenho como objetivo de vida é: seja misericordioso para receber misericórdia.*[3] *Não necessita o ofendido querer desforra, fazer o ofensor ser castigado; isso porque o que recebeu pode ser a colheita de uma plantação de atos errados. Pode também ter sido uma prova, e se foi e acabou por obsediar, não foi aprovado e com certeza terá de repeti-la. Como os nossos atos nos pertencem, se o ofendido, o prejudicado, que recebeu uma maldade, perdoar, compreender, e for cuidar de sua vida, é a melhor coisa que faz. Porque aquele que fez o ato maldoso o receberá de volta, é a lei de Deus. A plantação é livre, mas a colheita é obrigatória. Entretanto, pode-se facilitar uma colheita difícil com amor, que suaviza tudo, e com muito trabalho no bem.*

– O que faço – opinou Eulália – *é com amor, tento cuidar de ambos, obsediado e obsessor, com muito carinho. Foco no perdão, na necessidade de se perdoar. Se o perdão fosse praticado, não existiriam obsessões, possessões, desejos de vinganças. Se nos amássemos como Jesus nos ensinou, não teríamos ofensores nem ofendidos. Muitos dos ofendidos estão tendo oportunidade de aprender a não se melindrar. Amigo Antônio Carlos, por que não escreve algo sobre este assunto? É interessante saber o que um obsessor sente, pensa. Sei que normalmente se sofre muito.*

– Posso tentar, mas rogo a ajuda dos amigos – respondi. – *Tentarei então escrever o que ocorreu sendo fiel na opinião, o que falou cada membro desta equipe.*

---

1 Mateus, 7:1 e 2 – Não julgueis, para não serdes julgados, pois sereis julgados conforme houverdes julgado os outros: e aplicar-se-á a vós, na mesma medida, aquilo que aplicaste contra eles.

2 Mateus, 7:1 e 2 – Não julgueis, para não serdes julgados, pois sereis julgados conforme houverdes julgado os outros: e aplicar-se-á a vós, na mesma medida, aquilo que aplicaste contra eles.

3 Mateus, 5:7 – Bem-aventurados os que são misericordiosos, porque eles próprios alcançarão misericórdia.

– *Se isso ocorrer, peço-lhes para participar* – interessou-se Huberto. – *Tinha poucos conhecimentos, quando encarnado, sobre este assunto, sobre esta possibilidade; infelizmente não me aprofundei neste estudo. Tive alguém próximo de mim que foi obsediado. Vim a saber deste fato somente quando desencarnei. Pensava, quando isso ocorreu, ser doença física, embora sabendo que: espírito são, corpo sadio. Ali estava comigo uma pessoa necessitada de sarar espiritualmente. Não pensei errado, de fato era um espírito que muito errara e estava recebendo o retorno para um aprendizado. Mas com ele estavam três desencarnados que o odiavam e, mesmo vendo-o num corpo deficiente, não era suficiente: queriam castigá-lo mais. Notei que quando eu orava perto dele o acalmava. Ensinei a mãe a orar e passei a fazer mais preces por ele. Envolvia-o num manto de luz que eu criara pelo amor. Deu certo. Dois obsessores afastaram-se e um, mais endurecido, ficou com ele até a desencarnação do garoto deficiente, que foi socorrido. Esse espírito obsessor, por anos, continuou sofrendo, até que aceitou ajuda para se modificar. Gostaria de participar como estudante. Será deveras interessante!*

– *Vamos então* – determinei – *nos organizar e fazer esse trabalho que, com certeza, como todas as tarefas no e para o bem, nos dará muitos conhecimentos.*

O trabalho foi organizado. Teríamos dias e horas para resolver estas questões tão sérias e de sofrimento como são as de obsessão.

PRIMEIRA HISTÓRIA

1º CAPÍTULO

Olga, como ultimamente se sentia inquieta, foi ao quintal e olhou para o céu.

– Sem nuvens e está muito quente! Que calor!

Olhou para o muro e se recordou:

Foi num dia assim que Mateus caiu e quebrou o pé. As cenas vieram à mente, porém não só à dela, também às de dois desencarnados: Clemente, o esposo, e Mateus, o filho.

Recordaram-se: Mateus, com doze anos, subiu no muro e andava se equilibrando por ele. Olga, a mãe, ao ver, assustou-se e gritou, assustando o menino, que caiu.

– Que correria! – exclamou Olga, que ultimamente falava muito sozinha e alto.

"Sozinha" é como julgava estar, porém estava sempre acompanhada pelo filho e muitas vezes pelo esposo.

– Telefonei – continuou Olga falando, como se estivesse conversando com alguém, e era ouvida pelos dois – para Clemente, e nós dois o levamos para o hospital. Ficou muitos dias sem poder colocar o pé no chão; reclamei, mas gostei de cuidar dele, sempre gostei. Talvez devesse ter tido mais filhos, tivemos somente Mateus, nosso tudo. Que ingratidão! Que vida cruel! Por que me levou Mateus? A vida não! A morte! Essa miserável!

– *Vida miserável!* – reclamou Mateus, o filho desencarnado.

– Pobrezinho morreu! – a mãe lamentando se pôs a chorar.

– *Sou um pobrezinho!* – choramingou Mateus.

– *Filho* – Clemente estava preocupado –, *vamos embora, por favor!*

– *Não e não!* – irritado Mateus gritou.

– Mateus! Meu Mateus! Não me abandone! Morro sem você! Meu filho! – Olga chorava, lágrimas abundantes escorriam pela face.

– *Está vendo, papai? Como ir? Não posso!*

– *Venha, isso não pode continuar!* – implorou o pai.

Clemente implorava, porém pensou:

"Ir com ele para onde? Será que sei voltar ao posto de socorro? Quero levar meu filho para longe daqui, mas para onde ir?"

– *Não vou! Vá você! Que pai é? Nunca amou mamãe, pois não se importa com ela* – Mateus ficou nervoso.

– Aquele Clemente! Imbecil! Que marido! Sempre me atormentou. Nunca pude contar com sua ajuda! Ajudava os outros e não a mim! – lamentou Olga.

– *Meu Deus!* – Clemente rogou.

– Meu Deus! – repetiu a mãe.

Clemente se sentou no chão, num canto no quintal; Olga entrou na casa, e Mateus foi com ela. Mãe e filho se lamentavam, pensavam na mesma coisa. A morte não devia existir ou somente deveriam morrer os velhos, as pessoas bem idosas e os maus indivíduos.

– *Quero leite!* – pediu Mateus.

Olga abriu a geladeira, pegou a garrafa de leite, colocou o líquido num copo e bebeu. Mateus sentiu tomá-lo.

– *Que vida!* – resmungou Mateus.

Olga repetiu.

– *Você não é boa mãe, não sai, não vai a baladas! Queria ir, namorar e aqui estou sem fazer nada! Minha perna está doendo!*

– Que dor na perna! – queixou-se Olga. – Parece que está machucada, mas não está. Que vida chata, não tenho o que fazer. Mateus! Meu filho! Fique comigo!

Mateus sentiu ficar tonto, sentou-se no sofá. Olga sentou-se também. Lembrou-se do filho. Só fazia isto.

"Meu filho era tão lindo quando bebê. Chamava atenção quando saía com ele..."

Recordou-se da gravidez, dele neném, menino, adolescente...

– *Chega! Não pensa em outra coisa?!* – gritou o rapaz desencarnado.

– Pensar, até que penso, mas gosto de me recordar – disse Olga.

Sem entender ou ver o filho, ela o sentia e conversavam. Os dois estavam unidos, e era Olga, a mãe, quem o segurava.

– Não se afaste de mim, filho! Não se afaste, senão eu morro! Filho! Meu filhinho!

– Olga! Olga! – a vizinha chamou-a no portão.

– Não vou responder – decidiu a dona da casa.

– *Isso! Não responda!* – pediu Mateus. – *Essa vizinha é chata.*

Olga ficou em silêncio. Clemente aproximou-se da vizinha e pediu:

– *Insista, por favor!*

A vizinha não o sentiu, não captou o pedido daquele pai desencarnado, porém ela estava preocupada com Olga, moravam perto havia mais de trinta anos.

"Olga esta aí, tenho a certeza, não quer me responder, voltarei mais tarde."

– *Que dor de cabeça! Que dor insuportável!* – lamentou Clemente.

– Estou com dor de cabeça. Vou tomar um analgésico – decidiu Olga.

– *Não estou com dor de cabeça, estou com sono* – disse Mateus.

Olga tomou um comprimido e se sentou no sofá. Pensou:

"Naquela tarde, Mateus foi a uma festa. Domingo, num almoço, numa chácara..."

– *De novo?! Pensar nisso de novo?!* – protestou o filho desencarnado.

Olga não se importou com a reclamação do filho e continuou pensando:

"Mateus tinha muitos amigos, teve algumas namoradas. Fingia tratá-las bem perto dele, mas não gostava delas. Ainda não tinha conhecido nenhuma moça boa o suficiente para ele namorar. O fato era que não queria dividir seu afeto com nenhuma mulher. Minha irmã falava que era bom ter netos. Tolice, ele me bastava."

– *O quê?!* – admirou-se Mateus. – *As garotas não se queixavam à toa. A senhora, hein?! Era má com elas. Que coisa!*

– Não poderia deixar que qualquer uma me tirasse você – defendeu-se a mãe.

Mateus continuou sentado no sofá ao lado da mãe, a perna direita doía, às vezes se sentia tonto, resolveu ficar calado escutando os pensamentos da genitora.

"Para mim, estava tudo bem Mateus trocar de namorada. Ele tinha vinte e sete anos, achava que era novo para um relacionamento sério. Estudou, era advogado. Fiquei felicíssima quando passou no exame da OAB, a Ordem dos Advogados do Brasil. Abrimos uma sala, um escritório lindo para que ele atendesse as pessoas. Ele trabalhava com um sócio, um outro advogado. Os dois se davam bem e estavam ganhando dinheiro. Queria que meu menino aproveitasse a vida, devia sair, viajar e namorar. Quando o pai era vivo, Mateus ia com ele ora ao asilo, ora à Apae, a Associação Pais Amigos Excepcionais; depois que Clemente faleceu, nosso filho continuou a fazer a contabilidade e a ajudar financeiramente estas entidades. Era bom moço. Aquela festa! Os amigos contaram que ele bebeu como sempre, ou seja, um pouco exageradamente, voltou sozinho e aconteceu o acidente."

Mateus reviu as cenas. Estava de fato bêbado. Saiu da festa pensando em ir para casa dormir. Sabia que a estrada era perigosa, já haviam ocorrido nela vários acidentes. Pisou no acelerador, estava acima da velocidade permitida. Ultrapassou um caminhão e viu à sua frente uma caminhonete, mas não conseguiu desviar, colidiu. Sentiu a batida, ouviu o barulho e, sem entender, estava de pé ao lado do seu carro com toda a frente amassada.

"Vi de forma confusa e me senti tonto. Fui até a caminhonete, o motorista estava debruçado sobre o volante. Concluí que estava desmaiado, sua cabeça sangrava. Fiquei ali parado. Outros veículos pararam, escutei chamarem a ambulância, o resgate, a polícia. O motorista do caminhão que ultrapassei levantou a cabeça do motorista da caminhonete. Escutei dele: 'Está vivo!'. O resgate chegou. Vi tirarem o condutor da caminhonete e o colocarem na ambulância, ele estava desmaiado, foi o que escutei do paramédico. Aproximei-me dos três homens do resgate e pedi: 'Será que podem me ajudar?'. Não me responderam. Protestei: 'Não é porque tenho culpa que mereço ser desprezado'. Nada, me ignoraram. 'Vamos tirar os veículos da estrada', ordenou o que pareceu ser o comandante. 'Vamos deixar a estrada livre.'

Fiquei ali parado, tonto, olhando e me esforçando para raciocinar. Vi tirarem os veículos da estrada e os colocarem no acostamento. Dois homens começaram a cortar a lataria do meu carro. 'Ah, até que enfim!', suspirei ao ver pararem dois carros de meus amigos que também estavam na chácara. Vi descerem do carro, e Nancy gritar: 'Ma! Mateus!'. Chorou alto. Meus amigos se comoveram, aproximaram-se do meu carro. Confuso, aproximei-me também, queria dizer a eles que estava ali, mas não consegui, olhei para dentro do carro e me vi! Senti que ia desmaiar e fui amparado. Meus amigos choraram, e Nancy o fazia alto. Novamente olhei para dentro do carro. Ali estava, coberto de sangue; as pernas, a que vi era a direita, esmagada; vi porque estava de bermuda, e os dois homens cortavam as ferragens. 'Morreu na hora, na colisão!', escutei. 'Temos de avisar a mãe dele', disse um amigo. 'Como dar a notícia?', perguntou Nancy. Continuei ali parado, ora olhando para um ora para outro e os escutando. O homem do resgate pegou o telefone e falou: 'Dona Olga? Sinto em informar que seu filho sofreu um acidente. Calma! Por favor! Ele será levado para o hospital. Não sei informar. O médico o fará. Tenha calma!'. O homem devolveu o celular para meu amigo. Não comentaram. Tiraram o corpo todo ensanguentado do meu carro. Desmaiei."

Mateus enxugou o rosto e continuou a se recordar e a lastimar:

"Foi uma fração de segundo! Que coisa! Que injusto! Todos deviam morrer com morte anunciada e idosos, como vovó; ela ficou por anos doente, piorou, foi hospitalizada, e o médico avisou que ela ia falecer; demorou quinze dias para morrer. Isto é que é morte! Não o que aconteceu comigo; era, sou, jovem, sadio e, numa bobeira, em segundos, pronto, tudo acaba. Injusto! Injusto!"

– Injusto! Deus é mau! – exclamou Olga. – Tudo acabou num minuto.

– *"Minuto" não!* – contestou Mateus. – *Em segundos!*

"Como pode tudo terminar", o moço continuou a pensar e a reclamar, "em tão pouco tempo? É a conta de dizer: zás! A batida,

a colisão, eu sendo jogado para fora. Termina uma vida. Injustiça! Tantas coisas acontecem num minuto. Em segundos se sofre um infarto, um acidente, atropela-se ou se é atropelado; se não falece, pode-se ficar com sequelas. Ou na rapidez de um raio mata-se alguém, e esse que matou por segundo passa anos em dificuldades, preso. Quantos sofrimentos ocorrem por anos por um acontecimento de um segundo? Como Consuelo que pulou de um prédio. Era bela, sadia. Num impulso, tudo acaba. Acaba? Não! Onde será que Consuelo está? Se não acabamos com a morte do corpo, ela deve estar por aí. Ela quis morrer, eu não. Agora sou um ser esquisito, vivo e morto."

– Até quando, filho, você ficará assim? – indagou Clemente.

– Não se intrometa, pai. Não posso deixar mamãe. Ela me segura. Não vê que estamos unidos?

– Meu filho! – Olga exclamou suspirando.

– Estou aqui, mamãe; vou ficar – afirmou o moço desencarnado.

Clemente ficou na sala, olhou-os. Amava-os e não conseguia ajudá-los, não entendia que também precisava de ajuda. Pensou:

"Desencarnei três anos antes do meu filho; após ter ficado quatro meses enfermo, meu coração não resistiu e parou. Minha mãe, que havia anos desencarnara, me auxiliou. Estranhei muito, a morte do meu corpo físico fora totalmente diferente do que pensava. Aceitei, tentei, esforcei-me para me adaptar. Estava abrigado num posto de socorro, fazia tarefas e estudava. Senti que Mateus desencarnara por um acidente e tive permissão, um orientador foi comigo, para tentar socorrê-lo. Na pancada, Mateus espírito foi desligado e jogado para fora do veículo. Fiquei ao seu lado tentando protegê-lo. Quando meu filho desmaiou, perdeu os sentidos, adormeceu, então o peguei e o levei para o posto de socorro, o orientador me ajudou. Tudo foi muito triste!"

Olga levantou-se do sofá, fechou a casa e se sentou de novo.

"Se dor matasse, estaria morta", pensou aquela mãe sofrida. "Estava em casa naquela tarde de domingo, assistindo um filme na televisão, quando o telefone tocou, quase não atendo; depois, pensando que era Mateus, atendi, e aquele homem do resgate me deu a notícia que meu filho sofrera um acidente e que seria hospitalizado. Troquei de roupa e fui para o hospital. Chegando lá, que agonia, as informações eram incertas. 'Acidente? Ah, sim, um homem está internado, passa por uma cirurgia.' 'Está fazendo curativos.' 'Não, ele não se chama Mateus.' 'Estava numa caminhonete?' 'O motorista do carro? Morreu!' 'Não sei informar.' Até que gritei desesperada. Amigos de Mateus, minha irmã e cunhado chegaram. Todos chorando. Assustei-me mais ainda. A psicóloga do hospital, a conhecia por ter sido uma das namoradas do meu filho, foi conversar comigo e, com delicadeza, me disse que Mateus falecera. Gritei. Um médico me atendeu, me sedou. Não tive condições nem de ir ao velório nem ao enterro. Fiquei sabendo depois que teve muitas flores e pessoas. Passei dias sedada, ficando dois dias no hospital e, quando vim para casa, minha irmã ficou por dez dias comigo. Aí que veio realmente a dor. Meu filhinho morrera!"

Mateus, sentado no sofá, adormecera. Clemente olhava os dois. A vizinha chamou Olga novamente.

– *Por favor, atenda!* – rogou Clemente.

– Vou atendê-la!

Olga abriu a porta, atravessou o pequeno jardim e abriu o portão.

– Venha comigo, Olga! Vim buscá-la! Hoje é sábado, dia de palestra num centro espírita que conheço. Vou levá-la para receber um passe. Não recuse! Não aceito desculpas. É só colocar um sapato e pentear os cabelos.

A vizinha a puxou para o quarto, e Olga somente fez o que a vizinha sugerira.

– *Que Deus nos ajude!* – pediu Clemente.

Ele ficou ao lado do filho, que dormia, por um segundo, depois resolveu ir com Olga e a vizinha.

2º CAPÍTULO

Chegaram ao centro espírita, Olga e a vizinha; pegaram fichas para receber o passe e se acomodaram. Clemente foi recebido por um senhor, trabalhador do Plano Espiritual do centro espírita que o acomodou num espaço próprio aos desencarnados. Ele ficou calado observando tudo. Assim que chegou, acalmou-se, conseguiu rezar. Os três escutaram a palestra, porém, por mais que se esforçasse para prestar atenção, Olga não conseguia. Recebeu o passe e voltou ao seu lugar, como todos o fazem, para esperar a oração final. Terminou, as pessoas foram saindo, e a amiga de Olga que a acompanhava foi conversar com uma trabalhadora da casa que conhecia.

– Maria Helena, aquela senhora que veio comigo, o filho desencarnou, ambos precisam de ajuda, penso que o moço está com ela. Vocês não podem ajudá-la?

– Sim, claro, esperem aí – respondeu Maria Helena.

A trabalhadora da casa conversou com os outros, pediu para atenderem-na, depois foi até as duas, pegou na mão da mãe desesperada e convidou:

– Olga, por favor, venha comigo!

Conduziu-a novamente para a sala de passes.

O grupo de passistas a rodeou.

– O que acontece, senhora? – perguntou Marisa.

– Meu filho! – Olga chorou. – Morreu! Eu o perdi!

– Não fale assim, por favor – pediu Rosely. – Ninguém perde ninguém. Seu filho será sempre seu filho. Não é porque ele fez a mudança do Plano Físico para o Espiritual que o perdeu. Ele vive de outro modo.

– Mas eu o queria aqui comigo – Olga continuou chorando.

– Acalme-se, por favor, tome essa água – Sílvia lhe deu um copo.

– A senhora já leu algum livro espírita? – perguntou Maria Inês.

– Não – Olga foi lacônica.

– Podemos lhe emprestar – ofereceu Lourdinha, que se apiedou.

– Ele era meu filho único! Deus o levou! – lamentou-se Olga.

– A senhora não pode chamar seu filho – Rosely tentou explicar sem melindrá-la –, pode prejudicá-lo. Ele tem de estar bem onde todos os desencarnados vivem.

– Mas como posso viver sem ele? – Olga levantou a cabeça e os olhou.. – Eu...

– Senhora, por favor – Maria Inês a interrompeu. – Somos pais, sou mãe, entendo-a, porém a morte do corpo físico não separa quem ama. A ausência física é temporária. A senhora não quer o bem dele? Que ele seja feliz? Esteja bem?

– Claro que sim! – Olga saiu de sua apatia e respondeu enérgica. – O que pensa que sou? Sempre fui boa mãe!

– Por isso mesmo – Maria Inês tentou esclarecê-la –, seu filho ficará bem se souber que a senhora está bem também. Por favor, não o chame mais.

– O que você está falando é algo diferente. Para mim, Mateus foi para o céu, virou uma estrela.

– A senhora acredita mesmo nisso? – perguntou Lourdinha.

– Estrelas são astros. Isto é modo de dizer. Mateus está no céu.

– Tudo bem; se acredita que seu filho está no céu, deve então pensar nele num lugar lindo – aconselhou Sueli.

A conversa se estendeu por mais alguns minutos, em que o grupo tentava fazer aquela mãe compreender que deveria deixar seu ente desencarnado vivendo no Plano Espiritual. Olga rebatia a cada frase que escutava. Deram-lhe novamente um passe e foi convidada a voltar. A senhora agradeceu, foi embora, porém o que escutara ficara em sua mente, principalmente: "Pense em Mateus no céu!"

Todos os encarnados haviam saído. José olhou para um desencarnado que ficara sentado, estava muito triste.

– *O que se passa, amigo?* – José aproximou-se dele.

Era Clemente que, surpreendendo José, ajoelhou-se, pegou na mão do orientador responsável por aquele local de auxílio e implorou chorando:

– *Ajude-nos, irmão! Por Deus!*

José o levantou e o abraçou.

– *Como posso ajudá-lo?*

– *Esta senhora que foi atendida por último foi, ou é, minha esposa* – Clemente explicou, falando rápido. – *Ela obsedia meu filho. Vou explicar: Desencarnei, fui socorrido, estava relativamente bem, aprendendo e fazendo tarefas; quando meu filho, nosso filho único, desencarnou por um acidente. Pude, e com permissão, trazê-lo para o posto de socorro onde eu estava. Porém Olga atraiu-o para perto dela, ela o chamou, e Mateus veio, atendendo ao rogo da mãe; os dois sofrem.*

– Por que está assim? Por que vaga? – José quis saber.

– É porque saí do posto de socorro em que estava abrigado para ficar perto deles.

– Saiu sem permissão e está se perturbando – José concluiu.

– Sim, o senhor tem razão. Olga, por chamar pelo filho, fez com que ele saísse do posto e fosse para casa; tentei levá-lo novamente, o menino se recusou. Os dois se voltaram contra mim, acusam-me de querer separá-los. Eu, com medo de que Mateus, vagando, pudesse ser preso por desencarnados maldosos e levado como escravo para o Umbral, vim ficar com ele. Bastou eu entrar aqui, neste centro espírita, para me sentir melhor, raciocino com mais clareza. O senhor não tem como ajudá-los? Levar Mateus de novo para um socorro? Fazer com que Olga não o chame mais?

– A ajuda que nos pede – José explicou – *tem de ser desejada. Não podemos impor nada a ninguém. Tem de haver receptividade. Vamos tentar. Primeiro, você necessita ficar conosco. Deve entender que não está ajudando, mas, sim, piorando a situação. Depois, deve voltar ao posto de socorro onde esteve, retornar às suas atividades. Cuide de você, esforce-se para ficar apto para ajudar.*

– Mas e se Mateus for pego pelos maus e se tornar escravo? Sei de uma cidade Umbralina, nesta região, em que estão pegando desavisados que vagam como escravos, e que eles têm dado preferência aos que tinham, quando encarnados, melhores condições financeiras. Tenho medo!

– Todos nós temos a lição de que precisamos. Aqui, nesta casa de caridade, há tempos, temos resgatado escravos de cidades Umbralinas, como também acontece em muitos outros centros espíritas. Se alguns desencarnados são levados como escravos tem um porquê. São normalmente os que não aceitaram a desencarnação e ficam vagando. Afirmo a você que normalmente o período na escravidão, de sofrimento, os desperta para uma mudança de vida melhor.

– *O senhor está me dizendo que o devia ter deixado ser levado como escravo?!* – Clemente se indignou.

– *Estou lhe dizendo que fazemos somente o que sabemos. Você também está na condição de espíritos que vagam. Saiu de um abrigo sem permissão e não sabe, se precisar, se defender nem proteger seu filho. Se desencarnados umbralinos fossem à sua ex-casa terrena levariam os dois, você e Mateus.*

– *Não conseguiria defendê-lo?* – Clemente se preocupou.

– *Não, nem ele e nem a você. Então eu lhe pergunto: O que estava fazendo, ou faz? Pense bem se não estava piorando a situação. Vamos ajudar você primeiro, convido-o a ficar conosco, aceite o socorro, aprenda a auxiliar e passe a fazê-lo, e não somente aos seus, mas a todos que precisam.*

– *Mas e os dois?*

– *Vamos também ajudá-los* – afirmou José. – *Olga veio aqui. Vamos à noite à casa dela, traremos os dois para cá e conversaremos com vocês três.*

– *Fico e agradeço. Primeiro porque desde o momento em que comecei a conversar com o senhor me sinto melhor. Agora entendo que, de fato, com eles, estava ficando perturbado e, com certeza, os perturbando. De fato, não conseguiria proteger meu filho nem a mim, se desencarnados que estão atrás de escravos nos pegassem.*

José o levou para o pequeno posto de socorro anexo ao espaço físico e depois nos reuniu, o grupo que estava estudando a obsessão. Na hora marcada, estávamos no centro espírita, e José nos esclareceu:

– *Temos, para estudo, a obsessão de uma encarnada sobre um desencarnado. Vamos auxiliá-los e estudar esta forma errônea de envolvimento.*

– *Tenho algum conhecimento desse envolvimento entre encarnados* – disse Clara. – *São por paixões, porque, com amor, não ocorre isso. Até vi uma obsessão entre encarnados por ódio.*

– *Sim, sentimentos fortes, sem ser o amor verdadeiro, são causas de sofrimentos* – opinou Urbano. – *Há pouco tempo vi uma obsessão de uma encarnada sobre outra, por inveja. A obsessora só pensava na outra, no que ela era, fazia e tinha. As duas ficaram muito sofridas. Foi a obsediada que saiu da faixa dessa energia ruim, esforçou-se e não foi mais alvo daquele ataque mental, e isto fez com que a obsessora se envolvesse mais com a energia negativa que ela mesmo criara, ficando seriamente doente. O dito popular que diz "inveja mata" tem um fundo de verdade. Enferma, procurou por ajuda médica, psicológica e religiosa, melhorou sua vibração e sarou.*

– *Será, com certeza, bem interessante participar deste caso* – opinou Huberto.

– *Logo mais* – disse José – *Olga estará dormindo; vamos afastá-la de seu corpo físico, e ela, vestida com o perispírito, virá aqui junto a Mateus e conversaremos com os dois. Clemente escutará.*

Assim foi feito.

Olga dormiu, afastamos seu espírito vestido de perispírito de seu corpo físico e a trouxemos ao centro espírita, e também trouxemos Mateus, que estava dormindo, mas, assim que chegamos, o acordamos. Clemente ficou sentado na mesma sala, mas afastado. Demos energias a Olga para que entendesse o que aconteceria. Mateus, assim que acordou, reclamou:

– *Minha perna está doendo!*

– *Você sabe que seu corpo físico morreu*? – perguntou Clara.

– *Sei, minha mãe fala isto o tempo todo.*

– *Não quer se melhorar*? – Clara quis saber.

– *Claro! Que pergunta! Acha que gosto de sentir dores?!*

– *Se é isso que quer, podemos tirar sua dor* – disse Urbano.

– *O que quero mesmo é ficar bem...* – Mateus suspirou.

– *Pense na sua perna sadia. Vamos, pense!* – pediu José.

Com nossa ajuda, Mateus pensou e sua perna se tornou sadia.

– *Nossa, obrigado!* – exclamou o moço desencarnado.

– *Se você sabe que desencarnou* – Eulália, como sempre, carinhosamente, queria ajudar –, *que seu corpo físico ferido parou suas funções e você sobreviveu, mudou de plano, venha viver no Plano Espiritual!*

– *Fui expulso do corpo físico sem querer. Isto não poderia ter acontecido! Um horror!*

– Um horror! – repetiu Olga, que até aquele momento olhava tudo, escutava calada.

– *Você deve aceitar o que lhe aconteceu e, se gosta tanto da vida encarnada, pode pedir para voltar* – Clara tentou animá-lo.

– *O quê?! Vocês podem me fazer retornar? Ser vivo de novo?* – Mateus se entusiasmou e se levantou da cadeira.

– *Por favor!* – pediu José, que teve de interferir. – *Não é essa volta que está pensando. Ninguém que teve o corpo físico morto volta ao mesmo corpo. O que Clara quis dizer é que poderá reencarnar, ser um feto, neném, criança...*

– *Essa não! Começar de novo! Que chato! Ser criança! Queria ser Mateus, não ter sofrido o acidente, estar por aí vivo com meu corpo de carne e osso. Sou infeliz! Não devia ter morrido!*

José nos olhou, entendemos que Mateus precisaria receber orientação nos trabalhos de auxílio através do intercâmbio mediúnico. Aproximamo-nos dele e o adormecemos, ali ficou, continuou sentado. Olga o continuou vendo. Rodeamos aquela mãe aflita.

– *Senhora* – disse Eulália –, *entenda que, chamando seu filho, querendo-o perto, o está fazendo sofrer. Todos nós, um dia, se encarnados, desencarnaremos. A vida continua!*

– Por que comigo? Tantas mães que não querem os filhos os têm, e eu que queria perdi...

– *Somos todos filhos de Deus! Estamos ora sendo pais, ora filhos. Ninguém perde ninguém. Procure entender. Deixe Mateus ir embora* – Eulália continuou tentando fazê-la entender.

– Como?

– *Não o chamando mais* – pediu Eulália –, *pensando que ele vive em outro lugar, imaginando-o bem, sadio, estudando e trabalhando num lugar bonito.*

– Vocês não entendem que sofro? Queria ter morrido no lugar do meu filho – Olga estava sendo realmente sincera.

– *Sei que sofre* – Huberto tentou elucidá-la. – *Negar o sofrimento da vida é mentira, falta de honestidade conosco. Porém, senhora, ver somente o sofrimento é perigoso porque gera mais padecimento e pessimismo.*

– Não queria agir assim, mereço sofrer, mas não quero que meu filho sofra. Não estou contente comigo – Olga, com nossa ajuda, começou a entender melhor o que se passava.

– *Olga* – Huberto voltou a esclarecê-la –, *se você não está contente com você, não se tolera e nada pode alegrá-la, tudo lhe é intolerável. Não brigue com você; se fizer as pazes consigo mesma, poderá fazer o mesmo com outras pessoas e então conseguirá ver que muitos sofrem como você ou até mais. Seja uma pacificadora. Deixe seu filho seguir seu caminho em paz. Quanto a morrer, ter desencarnado no lugar dele, isto é impossível. Mateus, por um acidente, danificou seu corpo carnal de tal forma que este parou suas funções e ele desencarnou. Se pudéssemos, Olga, pagar uma dívida, sentir a reação no lugar do outro, de alguém, e Deus permitisse, estaria revogando Sua lei. Não poderia ele ter sofrido o acidente e você sentir os efeitos. Cada um sofre por seus próprios atos porque colhemos o que semeamos. Mateus bebeu e não deveria ter dirigido, não deveria estar correndo além do permitido. Agiu imprudentemente e ocorreu o acidente. Isto ocorre com todas nossas ações. Ninguém pode ser egoísta em meu lugar, amar por mim, por você. Somente nós podemos desfazer o que de errado fizemos ou fazer o que deveríamos ter feito. Pare de falar em injustiça. Reconheça a imprudência de Mateus e a entenda. Depois de a entender, reaja:*

você pode ajudá-lo. Não o segure aqui! Não seja, Olga, mais revoltada: aprenda a sofrer, viva conformada. A revolta somente agrava os padecimentos. Você, por acaso, foi visitar o outro envolvido no acidente?

– O moço da caminhonete? Não! – Olga se lembrou somente naquele momento do outro acidentado.

– *Infelizmente isto ocorre muito, fecha-se em sua própria dor e se recusa a ver a do outro.* – Huberto tentou fazer Olga enxergar a realidade e continuou a elucidá-la após uma ligeira pausa.

– *Pois ele se machucou bastante, ficou semanas internado no hospital e ficou com sequelas na perna esquerda, que foi muito ferida, ficou menor, e ele anda com dificuldades. Ele não teve culpa, não bebera, não dirigia em alta velocidade. Fui visitá-lo esta noite; ele não se revoltou e é agradecido por ter continuado encarnado porque tem três filhos pequenos. E se fosse o contrário? Se ele, o condutor da caminhonete tivesse culpa? Você estaria pior? E este homem, por que foi passar naquele momento, naquela estrada? Tudo tem razão de ser. O sofrimento que ele passou o fez um ser melhor. Poderia ter se revoltado, como você, e ter sofrido mais ainda.*

Todos ficaram por uns cinco segundos calados refletindo sobre o que Huberto falara. Olga deu um longo e dolorido suspiro e depois perguntou:

– Estou mesmo, com a minha revolta, causando sofrimento ao meu filho? Eu o estou vendo ali, demente e com dores.

– *Sim, você, com sua atitude de revolta, está causando dores em Mateus* – afirmou Urbano. – *Mude a sua vibração que ajudará a mudar a dele.*

– Vou me esforçar – prometeu aquela mãe que sofria.

– *Vamos ajudar* – disse José –, *agora dê um abraço em Mateus, um amplexo de amor, desejando que ele fique bem, e vamos levá-la de volta à sua casa e ao seu corpo físico.*

Olga o abraçou, Mateus somente resmungou, Clara e Urbano a levaram de volta. Sabíamos que Olga, ao acordar, sentiria mais do que se recordaria, que necessitaria mudar de atitude, ajudar o filho, mas que se lembraria mesmo era da conversa que tivera com o grupo encarnado.

– *Vou colocar Mateus na enfermaria B* – decidiu Eulália –, *ele ficará adormecido até segunda-feira no horário do atendimento de orientação, receberá esclarecimento por um intercâmbio mediúnico.*

A enfermaria B é a mais protegida. Dificilmente um abrigado sai de lá sem permissão. É um local confortável, arejado e temporário.

Clemente, que permanecera atento, calado, assim que o filho fora levado para a enfermaria, aproximou-se de José, ajoelhou-se novamente à sua frente e beijou a mão daquele que o ajudara.

– *Obrigado!* – Clemente chorou.

José o levantou e o abraçou.

– *De nada!* – respondeu o orientador daquela casa de amor.

Passada a emoção, José disse:

– *Vou levá-lo ao posto de socorro logo mais.*

– *Não posso ficar aqui e acompanhar a ajuda que darão ao meu filho?*

– *Clemente* – José disse em tom carinhoso, porém firme –, *você será levado para o posto de socorro de que saiu sem permissão. Quero que entenda que sua presença somente prejudicou a situação. Mãe e filho estavam unidos num processo obsessivo e você agravou isso, porque os dois se voltaram contra você. O ambiente somente piorou. Entenda que fazemos o que sabemos e podemos.*

– *Como ir e deixá-los assim, com raiva de mim? Falaram para Olga que eu busquei Mateus. Ela indignou-se e pergunta sempre por que eu, Clemente, busquei o filho dela. Mateus escutou isto e me acusa de tê-lo desencarnado.*

– *Isto não ocorreu* – José afirmou. – *Desencarnados não têm permissão para fazer ninguém mudar de plano. Em certos casos, um desencarnado pode até dar sugestão para agir de alguma maneira, às vezes errônea, mas não podemos esquecer que todos temos o livre-arbítrio e escutamos e atendemos a quem queremos. Pode-se escutar: "Mate!", "Suicide-se!", "Roube!", "Maltrate!". Mas o faz quem se afina com isso e tem tendências. Como também há os que tentam ajudar: "Seja otimista!", "Faça o bem!", "Ame!". E nenhum desencarnado, bom ou não, tem como tirar um encarnado da vida física. É a lei! Porém um encarnado pode tirar outro do Plano Físico. Não se preocupe Clemente, Mateus logo entenderá e Olga também. Pedirão desculpas a você. Agora eles precisam de auxílio que você não sabe dar. Se cuidar de você, um dia estará apto a ajudar não somente os dois entes queridos, mas muitos outros.*

– *Vocês estão nos ajudando e nem nos conhecem, um dia poderei auxiliar outros que também não conheço, mas que necessitem.*

– *É isto, Clemente! Pense assim, vá e não volte, aprenda, trabalhe e confie* – José o incentivou.

Clemente novamente agradeceu; José sorriu e lhe informou:

– *Entrei em contato com o dirigente do Posto de Socorro em que esteve, pedi para receberem-no novamente. Eles, o dirigente e a equipe de trabalhadores, o receberão. Aquele que pede torna-se responsável; no caso, serei eu. Por favor, Clemente, dê valor a essa oportunidade.*

– *Não lhe causarei problemas. Entendi que teria sido melhor se tivesse ficado no posto e continuasse aprender a ser útil. Porque com certeza a equipe do posto teria nos ajudado. Não confiei! Desespero de pai.*

– *Desespero nunca resolve ou ajuda nas dificuldades. Vá e fique!* – José o aconselhou.

Clemente sentou-se e aguardou José resolver umas questões; depois os dois foram para o posto de socorro, e Clemente ficou por lá.

Urbano e Clara voltaram da casa de Olga, e Urbano informou:

– Deixamos Olga dormindo tranquila, há tempos isto não acontecia.

– Clara, Urbano, visitem Olga por uns dez dias e tentem ajudá-la – pediu José.

Mateus ficou dormindo até segunda-feira. Foi acordado perto da médium Isabel para receber orientação através da sintonia mental. Realmente ele não sabia onde estava. Porém, como é maravilhosa esta troca de energia, ele se sentiu diferente, menos perturbado.

– Você, amigo, está num local de oração – informou Leonardo. – Como se sente?

– Nem sei! Aqui é um centro espírita? Falo e esta senhora repete. Já tinha ouvido falar deste fenômeno e até que fiquei curioso para ver, mas fui adiando e não fui. Por que estou aqui?

– Sabe que seu corpo físico morreu, que sobreviveu e vive agora com outro corpo, o perispírito; estava vagando e o trouxemos aqui para encaminhá-lo.

– Foi muito triste ter morrido. Muito mesmo! Eu...

– Você desencarnou porque todos nós mudamos de plano; uns com mais idade, outros não. Não deve se sentir injustiçado. A morte do corpo físico é para todos.

– Mas eu não queria morrer! Mamãe! Cadê ela?

– Sua mãe continua encarnada e não é certo você ficar perto dela.

– Mas é ela que me chama. Como não atendê-la? Mamãe sofreu tanto com a minha morte – Isabel dava passividade à sua manifestação.

– Estaremos a orientando para não chamá-lo mais, porém, se isto ocorrer, não deve atendê-la. Você está ferido?

– Curaram-me. Aquele senhor ali, foi ele, fez minha perna ficar sadia e não doeu mais – Mateus mostrou José.

– Convido-o a ficar conosco. Deixe sua mãe viver a vida dela, encontrará consolo e melhorará. Você, junto à sua mãezinha, a estava prejudicando.

– *Ela me segura, não sei como me tiraram de perto dela.*

– Entenda que isto está somente lhe fazendo mal. Causando sofrimentos a ambos – Leonardo estava sendo firme. – Irá ficar com esses trabalhadores da casa, eles o ajudarão. Convença-se de que não tem volta, fez uma mudança, a de plano, e deve viver agora como o desencarnado que é. Pense em Jesus, ore e peça a Deus forças para recomeçar.

A vibração do local, as energias benéficas fizeram Mateus entender, porém não aceitava ainda sua desencarnação. José o adormeceu, e ele foi levado novamente para a enfermaria. Assim que foi possível, foi levado para uma Colônia, cidade do Plano Espiritual. Foi dormindo e acordou numa enfermaria especial, onde ficam abrigados desencarnados que têm essa dificuldade com encarnados inconformados que os chamam. Nesse abençoado local de socorro, por uma proteção especial, são enfraquecidos os clamores dos encarnados. Também são tratados com a terapia do sono quando são chamados ou quando choram muito por eles.

O grupo desejou que Mateus, desta vez, ficasse no abrigo.

3º CAPÍTULO

Reunimo-nos duas semanas depois para falar desse acontecido. Clara e Urbano visitaram Olga e nos deram a notícia.

– *Olga* – foi Urbano quem falou – *veio aqui naquele sábado, acordou disposta no domingo, não se lembrou do encontro que teve conosco, mas ficou em sua mente a conversa que tivera com a equipe encarnada e tentamos fazê-la lembrar que não podia mais chamar pelo filho, devia se conformar e ajudá-lo a ficar bem. Foi à casa da vizinha, agradeceu-a e disse que ia ao encontro para o qual fora várias vezes convidada. É uma reunião que acontece no salão de uma igreja, templo católico, onde se reúnem pessoas que se sentem enlutadas pela ausência física de pessoas queridas que mudaram de planos. Olga foi às quinze horas, a receberam com carinho e se sentiu à vontade. Ao escutar alguns relatos, uns consolando os outros, percebeu que não era somente ela que sofria. Como a tarde estava muito quente, foi convidada, depois do encontro, para tomar sorvetes, e ela foi. Neste encontro, ela aceitou participar de outros, eram à tarde, durante a semana, duas vezes para fazerem tricô e crochê e outra para costurar. Olga pareceu, no domingo, anestesiada, mas estava tranquila. Resolveu, com a ajuda da vizinha, se organizar.*

– *Percebi* – opinou Clara – *como é importante uma pessoa ter paciência com outra e escutá-la. Esta vizinha e amiga tem ajudado muito Olga. Como é importante um auxílio assim. Sei que por muitos afazeres nem sempre as pessoas têm tempo de visitar aqueles que estão com dificuldades e, às vezes, eles estão tão perto! Na casa ao lado!*

– *Você tem razão* – concordei –, *deveríamos prestar atenção no próximo mais próximo. Mas, temos muitos exemplos de solidariedade.*

– *Olga* – Urbano retornou ao seu relato – *resolveu se organizar; foi, na segunda-feira, ao antigo escritório do filho, conversou com o ex-sócio dele para terminar a antiga sociedade e percebeu, aborrecida, que o outro advogado não foi honesto, mas não deu importância. Pediu para acertar, queria que nada mais ficasse no nome do filho. Voltou para casa, quis chorar, mas lembrou do que escutara, pegou um livro que ganhara e se distraiu lendo. Veio aqui, na segunda-feira e na terça-feira, ao Atendimento Fraterno e escutou da equipe muitos conselhos, foi consolada. No trabalho de costura, soube que elas, as costureiras, faziam bazar de roupas usadas. Com o dinheiro que arrecadavam, compravam tecidos para confeccionar roupas, mas elas também consertavam, quando preciso, as roupas usadas. Também com o dinheiro compravam cestas básicas e distribuíam nos bairros pobres. Clara a incentivou a fazer uma limpeza no seu roupeiro e de seu falecido esposo, ela a atendeu. Deu as roupas dela de festas, percebeu que tinha muitos vestidos que não usaria mais. As costureiras ficaram contentes e a elogiaram, ela se sentiu bem. Dez dias se passaram, porém eu a irei ver algumas vezes e a continuarei incentivando. Nestes dias que ficamos, Clara e eu, horas com ela, deu tudo o que fora de seu esposo, organizou documentos, foi aos encontros, tem conversado, se distraído e dormido melhor. Aqui no Atendimento Fraterno foi aconselhada a ir ao médico, foi e está tomando medicação. Penso que irá, quando se sentir mais forte, doar roupas do filho.*

– Será que Olga pode recair e obsediar novamente o filho? – Eulália se preocupou.

– Não temos como saber – respondeu José. *– Desejamos que Olga continue assim e não chame mais por Mateus, que está abrigado numa enfermaria e está sendo orientado, porém ainda sente muita autopiedade, realmente não queria ter mudado de plano. Espero que entenda, aceite esta mudança. Ele é grato, entendeu que corria perigo por vagar e que se sentia muito infeliz quando, perturbado, esteve ao lado da mãe. Espero que não saia de novo sem permissão. O tempo é um precioso remédio: cura, aos poucos, as mais dolorosas perdas, e o auxílio que recebe o fará entender que o melhor é aceitar, porque não podemos depender de algo fora do nosso alcance para sermos felizes e para termos paz.*

– E Clemente? – quis Urbano saber.

– Visitei-o – informou José. *– Ele está tranquilo sabendo o que acontece com Olga e Mateus. Tem por objetivo aprender trabalhando e se melhorar. Vou repetir o que ele me falou: "Senhor José, quando vim para cá, isso ocorreu quando meu corpo físico parou suas funções. Fui trazido por socorristas a pedido de pessoas de uma instituição de caridade onde fui membro ativo. Fazia, encarnado, nessas instituições, a contabilidade e contribuía com dinheiro. Neste posto de socorro, enturmei-me, fiz amigos,*

encontrei-me com dois desencarnados que, como eu, participavam destas atividades. Reconheci que fiz pouco diante do muito que estava recebendo. Ajudei e fui ajudado. Estava bem, como disse ao senhor, trabalhando e aprendendo. Saí sem permissão, o grupo continuou progredindo, eu fiquei para trás. Faço uma comparação: estava numa condução, num trem, ônibus, junto de pessoas afins, companheiros que seguiam uma programação. Eu desci, saí, eles continuaram. Sou grato por ter sido recebido de volta, porém fui eu que perdi o convívio dos companheiros de que gostava, daquele estudo que fazíamos. Eles não podem voltar para ficar comigo, eu que tenho de me adaptar aos novos companheiros. Sei que meus ex-companheiros estão bem à minha frente. Perdi, senhor José, a oportunidade de estar com eles e de ter seguido em frente. Não quero perder de novo, vou abraçar com carinho e entusiasmo esta nova oportunidade!". Espero – José suspirou – *que Clemente consiga.*

– Como ainda sofremos com a desencarnação! – exclamou Clara. *– Meus pais sofreram tanto! Desencarnei por um câncer que me fez sofrer muito e, mesmo me vendo sofrer e sentindo que o melhor era eu desencarnar, sentiram bastante.*

– Por muito tempo – opinei –, *por diversas reencarnações, ficou em nós que a morte do físico é castigo. Tanto que mata-se para castigar, punir, por raiva, ódio, julgando mesmo que é algo muito ruim. Como a pena de morte é o castigo extremo para os criminosos cruéis. Agravou este fato diversas crenças determinarem que depois da morte iremos para certos lugares, e pela eternidade, podendo nos separar de nossos afetos. Suavizaria muito a dor da separação se todos acreditassem na desencarnação, que somente estaremos em planos diferentes, que pode-se ausentar, mas não se separar.*

– De fato – Huberto deu sua opinião –, *grande é, para muitos, o sofrimento da morte física de pessoas queridas. Concordo com você, Antônio Carlos, que este sofrimento foi agravado por*

crenças que, de modo errôneo, agravaram, apavoraram sobre o que vem depois deste desfecho. Dizem que, ao falecer, encontra-se com Deus; isto não acontece nem se encontra com o diabo. Muitos de fato se perturbam por não irem para o céu nem para o inferno, que não mudaram interiormente, continuam os mesmos, somente fizeram uma mudança de plano e nada é definitivo, porque ora estamos no Plano Espiritual ora no Plano Físico, pela reencarnação. Realmente é uma mudança externa, de lugar, de modo de viver, porque, a mudança interna, somos nós que fazemos em nós mesmos, estejamos tanto num plano como no outro. Continuamos e somos o mesmo que fomos. O que encontramos após esta viagem, mudança, depende do que fizermos. Irmos, após a morte, pela desencarnação para bons lugares, depende de nós. De fato, consola muito saber que somos sobreviventes do corpo carnal morto e que nem estaremos no céu de ociosidade nem no inferno de dores e que a caminhada rumo ao progresso continua. Somos eternos viajantes rumo ao infinito.

– *Escutei Vera falar a Olga naquele sábado em que ela esteve aqui* – contou Eulália –: *"A senhora poderia ajudar Mateus lhe mandando bons pensamentos, preces e amor, pois atitudes assim chegam ao seu filho o ajudando. A senhora pode, consegue, sofrer por esta separação temporária com serenidade, tornando assim esta ausência mais suave. Não está separada de seu filho, estão somente vivendo em faixas vibratórias diferentes. É inevitável que a desencarnação de um ente querido cause sofrimento, que sintamos saudades de sua presença, o que não é certo é deixar que essa dor mude nossa atitude para pior. Desesperar-se diante da morte física com certeza causa dificuldades na mudança de plano de quem partiu".*

– *Foi realmente um bom conselho* – suspirou Clara.

A reunião terminou, outros afazeres nos esperavam. Reunimo-nos quatro meses depois por outro motivo; após acertarmos detalhes de um outro trabalho, comentamos sobre este drama.

– *Olga* – contou Urbano – *teve quatro recaídas, porém conseguiu superá-las; veio aqui mais duas vezes e está firme nos encontros, tem sido assídua nos trabalhos manuais, continua com os tratamentos médicos e com o psicólogo. Mudou-se para um apartamento, comprou móveis e objetos novos, deu tudo o que fora de seu filho, ficou somente com fotos e fez um testamento deixando o que possui para dois sobrinhos, filhos de sua irmã, e um sobrinho de Clemente. Tem feito caridade e lembra com tristeza do período em que ficou só lastimando; ela sente mais porque entendeu que prejudicou o filho.*

– *Mateus* – Clara quem deu a notícia –, *sei dele porque fui visitá-lo por duas vezes. Ele melhora, como a mãe não o chama mais; Olga não se desesperando, ele se sente melhor; tem saído da enfermaria para passear pelo jardim e assistir palestras. Ainda sente por ter desencarnado, queria mesmo estar encarnado. Ele tem planos e me disse: "Clarinha, sofri muito no período que estive, desencarnado, com mamãe. Sofria muito; perturbado, ora julgava-me encarnado, porém sabia bem que havia desencarnado porque mamãe lamentava sem parar. 'Por que meu filho morreu? Pobrezinho morreu! etc.' Explicaram-me que, por ver minha perna esmagada quando vi meu corpo no carro, fixei esta imagem. Tive meu corpo físico no acidente muito danificado, mas fixei-me na perna, por isso sentia muitas dores nela. Foi um período muito ruim, não quero isto para mim de novo. Sentia as sensações como se estivesse no corpo físico: frio, fome, sede... que eram amenizadas quando me aproximava de mamãe, sugava as energias dela e sentia o desespero dela, que aumentava o meu. Amo mamãe, sei que ela fez isto ignorando que me prejudicava, e eu não conseguia me afastar dela. Muito triste!". "O que perdeu ou sentiu que perdeu neste período?", perguntei. "Não vale dizer que foi meu corpo de carne e osso, não é?", Mateus sorriu. Rimos. "Penso, Clarinha, que, ao não aceitar a desencarnação e me deixar ser obsediado, perdi a oportunidade de me sentir bem logo que fiz a mudança de plano e fui socorrido. Poderia estar bem, já ter estudado, me adaptado, feito amizades, convivido com papai, pedi desculpas a ele, sei agora que meu pai queria somente me ajudar. Talvez eu já pudesse visitar minha mãe e até consolá-la. Sinto por não ter aceitado a mudança de plano, ter sofrido por isso e até ter feito mamãe, a pessoa que mais amo, sofrer com minha perturbação. Perdi muitas coisas, amiga!" Fiquei mais tranquila em relação a ele após esta conversa* – Clara fez uma pausa e se interessou em saber: – *Mateus, na colisão, teve o corpo carnal esmagado e seu espírito foi desligado, expelido para fora. Isto acontece com todos que desencarnam assim?*

– *Não* – foi José quem a esclareceu. – *Embora a desencarnação seja uma mudança de plano, o espírito é desligado da matéria física e passa a viver com a matéria espiritual, é como tirar uma roupagem e viver com outra, esse processo difere muito. Depende de cada um, alguns fazem esta viagem de forma tranquila, outros se perturbam, poucos percebem o que aconteceu, e a maioria se confunde. Tenho visto diversas desencarnações: uns enfermos há tempos, o corpo físico morre, e ficam ainda apegados; outros aproveitam a enfermidade para se prepararem, e o desligamento é suave. Quando ocorre como você falou, Clara, de forma violenta, a diferença também existe. Ocorreu com Mateus como ele contou, porém tenho visto desencarnes por acidente em que o desencarnado sente-se desmaiar e, de forma confusa, vê, sente o que acontece como um pesadelo ou nem sente: adormece e, quando acorda, está em outro lugar; bom ou não, depende somente dele, de suas atitudes. Presenciei casos em que os desencarnados são desligados, ficam junto ao corpo que vestiram e veem o velório e o enterro; outros ainda permanecem junto aos seus restos mortais ou nos cemitérios, crematórios ou voltam para seus ex-lares ou vão vagar. Socorro é realmente para quem merece.*

– *O que será que Olga perdeu? Gostaria de saber* – Urbano queria entender.

– *Olga obsediou o filho que amava, que ama, por ignorância* – elucidei –, *porém todos sabem, de um modo ou de outro, que não se deve desesperar diante de um sofrimento ou de uma situação difícil e que devemos confiar em Deus etc. Ela se revoltou. Penso que se entendesse agora o que de fato ocorreu ficaria sentida por ter segurado o filho junto a ela e tê-lo feito sofrer mais ainda. Quem ama quer o bem do ser amado. Quantas pessoas, pais, no caso que estudamos, Clemente, que saiu de um abrigo, Olga, que passou a ver e sentir somente esse ocorrido, prejudicaram um afeto? Poderiam ter sofrido com compreensão, querendo e fazendo de tudo para o filho estar bem.*

– *Entendo Clemente. Ao ver, saber que a família sofre, passa por dificuldades, deve ser difícil não sair de um abrigo e ir tentar ajudar* – opinou Eulália.

– *Sei disso muito bem* – José se recordou. – *Desencarnei novo ainda, deixei filhos pequenos e esposa com dificuldades financeiras. Fui socorrido. Estar numa colônia, lugar lindo, tratado com fraternidade, sem dores e vê-los com sérios problemas foi muito complicado. Não fui chamado, mas minha esposa chorava tanto pela minha falta como por ver os filhos passarem necessidades até de alimentos e por não saber o que fazer. Sentia-os, na colônia, chorarem de saudade por sentirem minha falta. Se a situação estava difícil comigo doente, piorou com meu desencarne. Ainda bem que não houve desespero, mas eles estavam desesperançosos. Sentia por eu estar bem e eles não, preferia mil vezes que fosse o contrário. Chorei muitas vezes, a luta comigo mesmo foi ferrenha. Como poderia estar bem e eles não? Escutei conselhos, esforcei-me para compreender que tudo passa, os momentos difíceis também, que meus filhos e esposa eram boas pessoas, que as crianças cresceriam etc. Entendia, mas sofria. Tive permissão para visitá-los, tentei ajudá-los, roguei por ajuda e recebi. Pessoas, principalmente uma, a quem sou muito grato, os auxiliou com dinheiro. Como foi difícil para mim retornar à Colônia. Lutei comigo, sabia que, se ficasse sem permissão, logo me perturbaria e não os estaria ajudando, mas sim prejudicando. Compreendi que temos de viver onde somos colocados. Deveria ser grato por ter sido socorrido e estar numa colônia, a vida continuava, e para todos. Assim mesmo eu sentia, pensava que não devia, não podia estar bem se eles passavam por necessidades. Trabalhei e estudei dobrado. Por mérito, tive permissão para outras visitas, passei a vê-los sempre. Minha ajuda era aconselhá-los, motivá-los e consegui. Quando terminei os estudos, pude escolher um trabalho, pedi para ser útil num centro espírita, faria minhas tarefas junto a encarnados, isto para ficar mais fácil vê-los. Todos estes anos me esforcei, tentei auxiliá-los e na maioria das vezes consegui, mas outras não. Minha esposa não se envolveu com mais ninguém, dedicou-se aos filhos e foi muito amada por eles. Quando ela desencarnou, pude socorrê--la, orientá-la, mas entendemos que não éramos afins, ficamos amigos e nos vemos sempre, eu continuei com meu trabalho e ela escolheu outro. Um dos meus filhos desencarnou, a mãe e eu o ajudamos. Meus filhos são boas pessoas, assim como meus netos. Como disse, vim trabalhar num centro espírita para poder ficar perto deles, mas amei tanto esta forma de servir que continuei. Quando este centro espírita, Paz e Harmonia, foi fundado, a Vera me convidou para auxiliá-los, aceitei e aqui estou.*

– *Puxa!* – exclamou Clara. – *Perguntamos sempre o que se perdeu. A você pergunto: O que ganhou?*

– *Não perdi a oportunidade de um socorro, de me adaptar no Plano Espiritual. De fato, Clara, ganhei, aprendi que cada um tem o merecimento de ser socorrido ou não com a mudança de plano, que devemos aceitar o que nos foi apresentado. Sou grato por ter compreendido e ficado. Com certeza teria sido muito diferente para mim e para todos de minha família se tivesse fraquejado e ficado com eles. Perturbaria-me e prejudicaria a todos. A vocês, meus amigos, confesso que não é fácil estar bem e ver, saber que os que amamos não estão.*

Emocionamo-nos ao escutar José, Urbano foi quem nos tirou da comoção.

– *Sabem o que Olga, nos trabalhos manuais, bordou num tecido, fez um quadro e colocou na parede da sala? Uns galhinhos de violetas e também bordou a frase: "O amor permanece além do tempo e do espaço".*[1]

– *Mais um caso resolvido!* – exclamou Clara.

Concordamos com ela.

[1] N. A. E.: Esta frase está no livro *Violetas na janela*, de Patrícia, psicografado por Vera Lúcia Marinzeck de Carvalho, uma obra que tem realmente consolado, confortado, muitas pessoas.

SEGUNDA HISTÓRIA

1º CAPÍTULO

Ueles estava ali, na casa, deliciando-se com o caos que provocara, gargalhava. Desencarnado, Ueles obsediava, era um ser rancoroso, sentia muito ódio. A casa era pequena, cinco cômodos, e era a cozinha o local da desavença.

O pai chegara cansado do serviço, ultimamente estava sempre irritado; julgando-se injustiçado, descontava suas frustrações na família. Frustrações estas agravadas por ele, Ueles, que se sentia todo-poderoso. A mãe era submissa, sofria calada. Marison, o garoto de oito anos, logo completaria nove e era o desafeto desse obsessor. O menino era franzino, bastava olhá-lo para entender que sua saúde era precária. O garoto havia deixado um caminhão, brinquedo de plástico, no meio da cozinha, e o pai ordenara de modo brusco que o catasse. O menino se negou obedecer.

– *Não pegue! Não pegue!* – Ueles se fixou no garoto.

Com a negativa do filho, o pai se enfureceu.

– Pegue! Senão, vou lhe bater! – ameaçou o genitor.

– *Não e não!* – gritou o desencarnado.

– Não pego – disse o menino.

O pai, Ivan, tirou a cinta e começou a surrar o filho.

– Pelo amor de Deus! Pare! – pediu a mãe, Marilda.

Ivan continuou. As cintadas eram dadas com força, e Ueles ria. A mãe, depois da oitava, entrou na frente. A irmã, Cássia, uma garotinha de seis anos, pegou o brinquedo, colocou nas mãos do irmão e rogou:

– Pegue, Marison! Por favor!

Ao fazer isso, recebeu três cintadas.

– Papai, por favor, ele pegou – rogou a menina.

Ivan parou, foi para o banheiro e chorou, estava se sentindo infeliz. Marilda abraçou os filhos, os três choraram: as crianças de dor, e a mãe, além da dor física, também pela moral. Quando o pai saiu do banheiro os três entraram, Marilda foi cuidar dos ferimentos. Não haviam ainda nem cicatrizado em Marison as cintadas anteriores.

Ivan ficou sentado no sofá, mas o choro incomodava-o; então ele saiu.

Ueles, contente, exclamou:

– *É isso aí! Irá apanhar muito! Quero-o sempre marcado por surras!*

Foi embora, tinha tarefas a fazer.

Marilda tentou fazer de tudo para amenizar as dores dos filhos.

– Está chorando, mamãe, porque está doendo? – perguntou a menina.

– Já estou melhor – respondeu ela.

Não estava com vontade de falar. Serviu o jantar, foram para a sala ver um programa na televisão. Foram dormir cedo, Marilda estava com medo do marido voltar bêbado. Deixou em cima do fogão um prato feito com o jantar dele. Foi dormir no quarto das crianças, no colchão no chão, trancou a porta. Os três estavam doloridos pela surra.

Cássia orou:

– Papai do Céu, nos proteja! Menino Jesus de Belém, eu o quero muito bem! Amém!

– Amém! – exclamou Marison.

Marilda pensou em sua vida.

"Quando namorava Ivan, nunca me passou pela cabeça que ele fosse violento. Passamos por muitas situações difíceis, mas tudo estava bem, agora ele mudou. Será que ele sempre foi assim e eu não percebi? De fato, ele mudou para pior. Passei muito mal nas gestações , e os partos foram difíceis. Meus filhos são fracos, estão sempre doentes. Ivan trabalha numa oficina onde conserta carros, e eu, numa fábrica. Foi de uns meses para cá que nossa vida piorou, e muito. Ivan passou a ir ao bar, e Marison está arredio, tem hora que tenho medo dele, de seus olhos e, quando acontece este fato, nos enfrenta, sinto vontade de surrá-lo, não o faço, mas Ivan, sim. Ele está tendo problemas na escola, recebi três reclamações, a professora me contou que Marison se transforma de um garoto tímido e quieto em um valentão briguento, só não apanhou de colegas porque ela não deixou. Está respondão, não respeita a professora. Ivan não sabe; se souber, nem sei o que acontecerá."

Triste, sofrida, ela pensou no que Cássia orara e rezou. Escutou Ivan chegar, alimentar-se e depois se deitar.

"Graças a Deus!", Marilda se sentiu aliviada. "Deus! Meu Deus! Ajude-me! Mamãe!" Marilda se lembrou de sua mãezinha.

A mãe de Marilda, Inês, morava em outra cidade; costumavam se falar pelo telefone, mas ela não contava à sua genitora seus problemas, não queria preocupá-la.

"Será que conto para mamãe? Posso preocupá-la, mas, com certeza, ela poderá me orientar. Meu celular está sem crédito, mas posso, no intervalo, amanhã, no trabalho, telefonar do orelhão em frente à fábrica para ela."

Cansada, adormeceu.

No outro dia, como fazia todas as manhãs, durante a semana, sua vida era rotineira, levantou-se cedo, fez o café e colocou roupas na máquina para bater. Ivan se levantou, o casal não trocou uma palavra, e ele foi comprar pão. Ela acordou as crianças e as vestiu de modo que não aparecessem os vergões.

Ela levava o menino para a escola, a menina para a creche e depois ia trabalhar. Marison estudava no período da manhã; quando ele saía da escola, ficava na casa de uma vizinha. Marilda, quando saía do trabalho, pegava a filha na creche, o filho na vizinha, ia para casa, fazia o jantar, lavava e passava roupas. Ivan antes a ajudava; agora, o que ele fazia era somente as compras. Ela não trabalhava no sábado nem no domingo, Ivan trabalhava no sábado. Nesses dois dias ela faxinava a casa, fazia muitas coisas, deixava comidas prontas.

No intervalo, como planejara, ligou para a mãe e se queixou:

– Mamãe, não estamos bem, não sei o que está acontecendo. As crianças estão sempre doentes. Levei Marison ao posto de saúde semana passada, o médico nem nos olhou direito. Receitou um vermífugo e nem quis me escutar. Ivan está muito nervoso e violento.

Não queria, mas chorou. Inês, há tempos, coisas de mãe, intuição, sentia que a filha não estava bem, mas, quando se falavam pelo telefone, ela afirmava que tudo estava certo, então achou que era preocupação de mãe.

– Vou aí, filha; irei passar uns dias com vocês.

Marilda conversava com as colegas, mas não tinha amizade com nenhuma para falar de seus problemas. Aguardou, esperançosa, a mãe vir na sexta-feira.

Ueles tinha saído da casa de Marison, seu desafeto, satisfeito e foi cumprir sua tarefa. Foi para o Umbral, uma cidade na Zona Umbralina, naquela noite haveria uma festa, e ele fora escalado para guardar a entrada. Atento, fez bem seu trabalho.

– *Você é intruso! Sapé, pegue este!* – ordenou Ueles.

O desencarnado que atendia pelo apelido de Sapé respondeu:

– *Por que eu?! Pegue você!*

– *Está doido?! A ordem é para que eu não saia daqui. Você é quem tem de pegá-lo. Cumpro ordens!* – justificou Ueles.

– *Está bem!*

Sapé, reclamando, pegou o desencarnado que estava tentando invadir e o levou para dentro. Ueles não tinha conhecimento do que ocorria com intrusos e nem se interessava em saber. Sempre fazia, e bem, o que mandavam; por isso nunca recebera castigos. Tinha hora para trabalhar e as folgas, que passava atormentando Marison, a quem muito odiava.

Quando seu turno terminou, foi se sentar num canto, fora da cidade, perto de uma grande pedra. Gostava de ficar sozinho, sentia-se bem na solidão. Ueles pensou e sorriu:

"Como eles não conseguem pronunciar meu nome, passaram a me chamar assim. Entendi, quando aprendi o idioma,[1] *que falam aqui que meu nome era comprido e difícil de pronunciar, então eles o diminuíram. Foram anos de trabalho, servindo a outros na minha terra natal, agora estou aqui há dois anos. Tive de trabalhar oito meses sem sair da cidade. Aprendi a falar a língua deles. Quando pude sair, usei dos conhecimentos que*

[1] N. A. E.: Não é porque está desencarnado que o espírito sabe tudo. Conhecimentos têm que ser adquiridos. Aprende-se nos dois planos, o Físico e o Espiritual. Ueles estava em um país distante do que vivera encarnado e teve de aprender a falar como se fazia naquele lugar, bem como os costumes. Preferiu ficar abrigado numa cidade Umbralina porque sabia que vagar sozinho num lugar desconhecido era perigoso, poderia acabar como escravo. Como morador de uma cidade, tendo um chefe, teria uma proteção. Conhecimentos, têm aqueles que estudam, se esforçam e, infelizmente, como ocorre no Umbral, seus moradores os têm para melhor agirem errado.

aprendi: primeiro sondei a família, fiz planos de como agir. Marison pensou que se escondeu bem, reencarnou em outro país, distante, mas o encontrei. Vou fazer ele sofrer muito."

Ueles realmente se enturmara. Não admitia que falassem que era infeliz, sentia estar bem. Tudo transcorria bem, ainda mais nos momentos em que aquele que tanto procurara estava sendo obsediado por ele.

"Minha vida está rotineira. Tenho de trabalhar por horas e o faço com gosto. Visto-me como eles querem, esta roupa indica que sou guarda. Vigio esta cidade. Isto é bom, porque todos no Umbral ficam sabendo que sou morador daqui. Fui somente a duas festas, elas não me atraem. Tenho meu objetivo !"

Passou a se lembrar de sua vida, gostava de se recordar do passado para sentir raiva, ódio, do que lhe acontecera.

"Estava antes no Umbral do país em que vivi encarnado. Lá eles me ajudaram, trabalhei muito em troca de conhecimentos. Aprendi a obsediar. Já o castiguei, mas não o suficiente. Quando ele sumiu, o que agora é Marison, fiquei no Umbral, então tudo fiz para merecer saber onde ele estava. Quando o chefe me informou, quis vir para perto dele, então ele veio comigo a essa localidade que está perto da cidade dos encarnados que Marison reside. Meu superior conversou com o chefe daqui, me recomendou, e ele me recebeu como empregado. Foi embora, e eu fiquei. Encontrei o safado! Concilio meu tempo, trabalho aqui e me vingo dele."

Não se sentia enfadado, mas bem; era um típico morador do Umbral. Nada desviava sua atenção. Se era para trabalhar, fazia qualquer tarefa sem reclamar e tentava fazer bem feito. Não se envolvia em brigas ou disputas. Assim que vira Marison, planejou sua vingança.

Levantou-se, entrou na cidade; logo mais iria receber outra ordem. No começo da semana, iria atormentar de novo seu desafeto, isto durante o dia, porque à noite teria de fazer guarda.

"Agora Marison sente as dores das cintadas, que ele as curta!" Riu. *"Não preciso ficar muito com ele, sinto náuseas ao lado daquele ser desprezível. Vou, faço, não preciso ficar muito, ainda bem. Depois, fui alertado e entendi o conselho. Marison está num corpo infantil; se ele desencarnar na infância, será levado para um local pelos espíritos bons, aí não o vejo mais. Ele é fraco, muito diferente de sua vestimenta física anterior, em que fora forte, alto e saudável. Eu também fui assim e Morgane também. Minha vingança terá de ser dosada; quando adulto, o farei cometer atos errados: o farei se revoltar, pode ser que eu o faça se suicidar ou até ser um traficante, bandido ou se drogar. Se ele cometer erros, posso continuar com minha vingança quando ele desencarnar."*

Inês chegou na sexta-feira à tarde, a filha estava trabalhando; ela buscou Marison na vizinha, e Cássia na creche. As crianças ficaram contentes, gostavam da avó, que lhes trouxera presentes.

Bastou Inês entrar na casa da filha para sentir que esta estava impregnada de energia ruim. Inês há anos frequentava um centro espírita, a Doutrina a despertara para ser uma pessoa melhor.

Abriu a casa, se pôs a limpá-la e a orar. Fez o jantar, uma comida gostosa. Quis dar banho nas crianças. Marison se recusou, disse que tomava banho sozinho. A mãe lhe recomendara que escondesse os vergões. Mas Cássia, que era menor, foi contente para o banheiro. Inês viu os vergões.

– Papai lhe bateu?

– Ele estava batendo com a cinta em Marison, mamãe e eu o defendemos – a menina explicou.

Inês não comentou, mas se preocupou. Orou, pediu ajuda à equipe desencarnada, trabalhadora, do centro espírita que frequentava. Sentiu a presença deles lhe pedindo calma e intuiu que devia pedir ajuda.

A filha chegou; logo após Ivan; jantaram, deliciando-se com a saborosa comida que Inês preparara e conversaram trocando notícias.

Inês foi dormir com os netos, e Marilda voltou para o seu quarto.

No sábado, Ivan saiu para trabalhar, e Inês ajudou a filha nas tarefas da casa. As crianças queriam ficar perto da avó. Foi somente quando foram fazer o almoço e as duas ficaram sozinhas que a mãe indagou à filha:

– Marilda, por favor, me fale o que está acontecendo.

– Não sei, mamãe; não sei mesmo. Ivan está violento, mal-humorado, e Marison está teimoso, tem hora que esse menino se transforma.

– Vai melhorar, filha!

Inês afirmou, mas se preocupou. Ivan fora almoçar e retornara ao trabalho. Inês e as crianças saíram, a avó disse que ia dar uma volta com elas. Na calçada, atenta às crianças, orou:

"Deus, me oriente! Preciso ajudar minha filha. O que será que posso fazer?"

Viu então uma senhora que morava na quadra de cima na mesma rua. Cumprimentaram-se.

"Clotilde é espírita!": Inês se lembrou.

– Clotilde, você é espírita, não é? Eu continuo frequentando um centro espírita na cidade em que moro. Você não poderia me indicar uma casa espírita para ir? Quero levar Marilda e as crianças para tomar passes.

– Tenho ido a um centro espírita que gosto muito. Hoje, sábado, às dezoito horas e trinta minutos, tem palestra e passes. Só que é longe daqui.

– Por favor, me dê o endereço – pediu Inês.

– Vou dar e explicar como você faz para ir, que ônibus tomar. Lá, Inês, você fala com o senhor Leonardo, o Léo, explique para ele o que acontece.

Inês agradeceu e decidiu: iria e levaria a filha e os netos.

2º CAPÍTULO

Inês deixou para falar à filha perto do horário de irem.

– Vamos, filha, a um centro espírita.

– Mas como?

– Indo – Inês não deixou dúvida de que todos iriam.

Foram. Chegando, Inês pediu para falar com o Léo e foi muito bem recebida; levada à sala de passes, explicou:

– Penso que minha filha, a família dela, precisa de auxílio.

Bastou o dirigente da casa olhá-los para entender que realmente ali estava uma família necessitada de socorro e orientação. Leonardo recomendou que a família o esperasse no final da reunião que ele reuniria a equipe para dar passes em todos.

Os quatro se sentaram, sentiram a paz do local, escutaram uma belíssima palestra. Após, os que precisavam ou queriam foram receber passes, sendo chamados por fichas numeradas.

Após a oração final, pessoas foram saindo, e Leonardo chamou a família. Eles entraram na câmara de passes, e os passistas os rodearam e aplicaram o passe. Leonardo chamou Inês para conversar.

– Senhora – orientou o dirigente da casa –, vocês precisam voltar, tem razão em se preocupar: sua filha e principalmente o garoto estão sendo perseguidos por um desencarnado que quer se vingar. Voltem na segunda-feira com as crianças.

Inês agradeceu e fez o propósito de retornar à casa espírita na segunda-feira.

Com Inês na casa, o lar de Marilda parecia outro. Ivan, que sempre respeitou a sogra, estava educado, comportava-se bem, e as crianças, assim como a avó, ficaram tranquilas. Marilda suspirou aliviada.

Na segunda-feira, Inês avisou à filha que iria pegar Cássia mais cedo na creche e que ia buscar Marison na escola e que ele não iria para a casa da vizinha enquanto ela estivesse ali.

O domingo foi tranquilo como também a segunda-feira.

Ueles havia feito muitas tarefas no final de semana e, na segunda-feira, foi à casa de seu desafeto e viu Inês.

– Não gostei dessa mulher. Tem uma energia que me sufoca. É visita! Vou embora! É melhor eu voltar quando não estiver aqui.

Voltou para o Umbral.

Inês foi ao centro espírita com as crianças; Marilda, na segunda-feira, saía mais tarde do trabalho, por isso não foi. Leonardo pediu para eles receberem o passe após o final da oração.

Assim o fizeram. Sentaram os três na sala de passes. A equipe de passistas os rodeou.

– Pense, Marison – pediu Rosely –, quando você fica irritado, nervoso.

O garoto pensou.

Quando, no sábado, Inês pedira ajuda, José, o desencarnado responsável por aquele local de socorro e membro da equipe desse estudo, e Urbano foram ver o que acontecia com os envolvidos.

Ueles estava distraído, na segunda-feira, naquele horário, por influência de Urbano; ele não sentiu a presença desse trabalhador perto dele, sentiu vontade de se sentar perto da pedra e ficar sozinho.

José foi buscá-lo.

O que Ueles não sabia é que, numa obsessão, não é somente um que se envolve. O obsessor quer prender na sua energia a de seu desafeto, mas fica, de certa forma, preso também. Existe um elo entre obsessor e obsediado. Com a ajuda das energias dos encarnados que ali estavam para auxiliar e por Marison ter pensado nele, Ueles pôde ser puxado, trazido para o centro espírita.

Sem entender, Ueles estava perto de uma médium.

– Depois converso com você! – Leonardo foi enérgico.

Dois trabalhadores desencarnados da casa o afastaram, e Ueles continuou sem entender o que acontecera. Foi levado para um cômodo, onde ficou preso.

Ueles não entendia como, estando, como sempre, sentado em frente à pedra, de repente estava num local desconhecido, perto de uma encarnada e via Marison, Cássia e Inês. Tentou sair, aproximou-se da grade, colocou as mãos nela, percebeu que não conseguiria passar por ela.

– É melhor ficar quieto, você não conseguirá sair.

Ueles olhou para o homem que falara, era um desencarnado que, com certeza, pelo seu aspecto, era um morador do Umbral.

– O que estou fazendo aqui? Você pode me dizer? – Ueles perguntou.

– Já estive aqui uma outra vez. Foi me dada ordem para não voltar a determinado local, voltei, e me pegaram novamente. Não sei o que acontecerá. Aqui é um local onde encarnados

bonzinhos ajudam uns aos outros com o auxílio de desencarnados samaritanos.

– *"Samaritanos"? O que é isto?* – Ueles realmente não entendera.

– *Pelo seu sotaque, deve ser de outras bandas. "Samaritano" é como os xingo, os bonzinhos, que não gostam de se distrair e se intrometem na vida de quem gostam.*

– *Desculpe a minha ignorância, mas não compreendi.*

– *Somos todos espíritos* – o desencarnado que estava no cômodo com ele tentou elucidá-lo –, *uns estão vestidos de corpo de carne e outros não. Você e eu estamos desencarnados. Existem os espíritos bons e os ruins. Os bons sempre se intrometem querendo ajudar. Conte-me o que aconteceu, talvez eu possa explicar.*

– *Estava sentado, quieto; quando percebi, estava ali entre pessoas; fiquei perto de uma mulher, e um homem ordenou que ficasse aqui. Ele disse: "depois converso com você". Foi isso o que aconteceu.*

– *Você não estava fazendo nada mesmo? Prejudicando alguém?* – aquele desencarnado duvidou.

– *Prejudicando? Não!*

– *Tem certeza? Eles costumam se intrometer na vida da gente quando incomodamos quem lhes pede ajuda.*

– *Será que a família de Marison pediu? Vi, naquela sala, a avó, ele e a irmã* – lembrou Ueles.

– *É isso aí, você os prejudicava, vieram na esperança de se livrarem do problema, e você é o problema. Pegaram-no.*

– *Como isso é possível?*

– *Estou com paciência, senão iria mandar você às favas. Que burrice!* – o desencarnado, que naquele momento estava preso como ele, exclamou debochando.

Ueles ia se exaltar com o insulto ouvido, porém achou melhor ficar calado e entender o que acontecia com ele, esperou a explicação do companheiro de cela.

– Existem grupos que nos enfrentam, isto é, nos impedem de fazer certos atos. Infelizmente os bons têm ou usam de certos métodos que anulam nossos atos. Aqui é um local de oração. Nunca ouviu falar de pessoas médiuns?

– Já. Você está me dizendo que aqui usam de médiuns para nos dominar? – Ueles se admirou.

– É mais ou menos isso. Vamos nos calar. Eles vão conversar, "começar o trabalho", é assim que eles chamam este processo.

Ueles, curioso, ficou observando. Dois trabalhadores desencarnados da casa o pegaram pelos braços, e ele se aproximou de uma encarnada, uma médium, a Isabel.

Ueles teve uma sensação muito ruim ao se aproximar da médium, sentiu a boa energia, que o inquietou.

– Boa noite!

Escutou o doutrinador Leonardo.

– Que boa que nada!

Surpreendeu-se muito porque falou, a encarnada repetiu, e todos ouviram.

– Isto é a tão falada "incorporação"? Não entrei no corpo desta senhora, estou somente perto dela. Expliquem, senão quebro tudo aqui! Vocês não me conhecem!

– Não ameace! – alertou o doutrinador. – Não fale o que não consegue fazer. Ficou preso aqui e agora está imobilizado. Você está aqui para conversar conosco. Queremos ajudá-lo.

– Não quero ajuda, mas, sim, ir embora. Que lugar estranho! Alertaram-me que não era para me aproximar destes locais. Pensei que fossem casas pomposas e não simples assim. Por que estou aqui? Por favor, não repitam que é para me ajudar, não pedi.

– Alguém pediu e, para auxiliá-los, tivemos de trazer você. Por que esta obsessão? – Leonardo, embora o tratasse com amor, estava sendo firme.

– Até que enfim você falou algo certo. Se souber o que me fizeram, irá querer me ajudar, embora não queira ajuda, dou conta sozinho.

– Não queremos auxiliá-lo no que faz, queremos ajudá-lo – argumentou Leonardo. – Você, por acaso, ao sofrer não pensou que isso pode ter sido retorno de suas ações? Veja aqui.

Um aparelho que se usa muito nos trabalhos de orientação a desencarnados, é parecido com uma televisão, porém é uma tela finíssima conectada à mente daquele que recebe esclarecimento. Os desencarnados que ali trabalhavam, neste caso, José e eu, Antônio Carlos, olhando fixamente para Ueles, o fizemos lembrar, e as lembranças dele apareceram na tela.

Ele viu que naquela mesma encarnação em que se sentira tão injustiçado cometera atos parecidos como também em sua anterior.

– Podem parar, sei bem o que fiz! – Ueles se negou a ver mais.

– Fez e aí tudo bem, foi o outro quem sofreu. Porém quando foi feito a você, não aceitou.

– Não estou gostando disto nem daqui. Vou embora!

Tentou sair e não conseguiu.

O doutrinador encarnado recebe intuição dos desencarnados trabalhadores da casa, mas, naquela doutrinação, Leonardo recebia a minha.

– Você está se vingando dele. Onde está o espírito que tanto amou?

– Encontrei-o, para mim é o suficiente – Ueles se esforçou para aparentar tranquilidade, mas estava nervoso. *– Não sei dela, não a encontrei. Que saudades!* – suspirou.

– Que pena! Seu ódio foi maior que o amor. Procurou pelo seu desafeto e não pelo ser amado. Porém você a encontrou – afirmou Leonardo.

– Como?

– Pense nos moradores da casa. Na menina!

– *Não!* – Ueles gritou.

Seu grito foi como um gemido. Chamou a atenção de todos os desencarnados presentes. Porém Isabel, médium equilibrada, acostumada a conter excessos, exclamou somente: não!

– Afirmo a você que essa garota é ela! – exclamou o doutrinador encarnado.

– *Estou vendo! Mas como? Antes era linda, belíssima, agora é feia.*

– Por isso convido-o a ficar conosco. Parar essa perseguição.

– Preciso pensar. Fico!

José e eu o afastamos da médium e o levamos de volta ao cômodo onde continuaria preso.

Os trabalhos de orientação continuaram, terminaram. Com tudo organizado, às duas horas da madrugada, fomos conversar com Ueles; como ele tinha visto José e eu, achamos melhor só nós dois conversarmos com ele. Atrás, sem serem vistos por ele, estavam Huberto, Clara e Urbano; Eulália não estava porque, como sempre acontece após os trabalhos de desobsessão ou orientação a desencarnados, ela tem muito o que fazer, já que é encarregada das enfermarias do posto de socorro que faz parte deste centro espírita.

José e eu nos aproximamos da grade do cômodo onde Ueles estava. Bastou olhá-lo para que entendêssemos que ele não aceitara o que ouvira na doutrinação. Surpreendeu-se ao reconhecer em Cássia seu grande amor. Muitos desencarnados, após essas conversas por meio do intercâmbio mediúnico, ficam no posto de socorro; destes, alguns são atendidos por se sentirem doentes, machucados; outros esperam por mais esclarecimentos; são poucos os que permanecem no posto do centro espírita, pois são levados para outros abrigos. Infelizmente há desencarnados que, para não tumultuarem ou irem embora sem que possamos tentar fazê-los mudar de ideia, ficam presos em cômodos pequenos, pois é por pouco tempo, normalmente por horas. Há grades à frente para que eles possam ver quem conversa com eles.

– *Meu caro* – disse José –, *está aqui ainda para continuarmos a nossa conversa. Conheceu uma forma de intercâmbio onde pode se manifestar usando o aparelho físico de uma encarnada médium. Pode nos ver. Somos todos espíritos, aqui trabalhamos fazendo o bem.*

– *Como podem fazer o bem e o mal ao mesmo tempo? Bem a um e mal a outro. Que "bem" é esse?*

– *Quando* – José tentou orientá-lo – *impedimos ou dificultamos que alguém aja com maldade, estamos fazendo bem a ele também. Afirmo que realmente estamos agindo corretamente. Não lhe queremos mal.*

– *Não me interessa o que fazem. Vocês me deram uma notícia que me chocou, e isso é o suficiente.*

– *Ueles...*

– *Como sabem o meu nome?* – o obsessor me interrompeu.

– *Sabemos muito de você, não por curiosidade, mas para entendê-lo* – respondi.

– *Ora eu...*

As cenas vividas por ele vieram fortes à sua mente, ele não conseguiu repeli-las. Foi se acalmando e as revivendo, começou a falar, a narrar os acontecimentos de fatos ocorridos quando estava encarnado.

– *Nasci, cresci e sempre morei dentro da muralha de um castelo, meu pai era soldado, e eu, aos dezesseis anos, me tornei um também. Não tinha preocupações, estávamos em época de paz. Havia somente discórdias para resolver: era alguém que não pagava tributos, brigas, adúlteros, roubos e poucos assassinatos. O senhor do castelo herdara, havia pouco tempo, a propriedade, fora buscar a noiva numa propriedade não muito distante e voltou casado. Fiquei, como todos, curioso para conhecer a senhora do castelo, porque o comentário era que Morgane era belíssima. De fato, sua beleza era perfeita. A esposa do nosso senhorio era agradável, risonha, educada e muito, muito bonita. Penso que, como eu, os jovens do castelo se encantaram com ela, a admiraram, mas eu a amei assim que a vi. Fiz de tudo para ninguém perceber. Mas, jovem e apaixonado, fazia de tudo para me aproximar dela, estar onde Morgane estava, e acabei por despertar nela também o interesse por mim. Loucura. Porém amei e me senti amado, tornamo-nos amantes, fazendo de tudo para estarmos juntos alguns momentos. O senhor do castelo viajou, passamos a nos encontrar mais. Ele voltou, pareceu estar como sempre, e três dias depois foi viajar novamente, só que foi e voltou, saiu do castelo e retornou quatro horas depois, nos pegando na cama. O marido de Morgane mandou que nos vestissem e prendessem, não falou nada a nós dois. Agora, ao lembrar, vejo nas feições de seu rosto que sofria. Mandou nos colocar no calabouço do pátio, na cova. Horrorizei-me ao escutar, e Morgane chorou desesperada pedindo clemência. Ele saiu do quarto. Cinco soldados, meus companheiros, que até horas antes eram meus amigos, me imobilizaram, me arrastaram. As servas pegaram Morgane. Fomos levados ao pátio. A cova era um buraco, um funil, a abertura era ao ar livre, fechado por grades. Por aquela abertura passava uma pessoa somente e lá embaixo o espaço se abria mais, porém continuava estreito. Pelo que sabia, todos que recebiam esse castigo morriam ali dentro. Esse pátio se situava ao lado norte do castelo em frente à prisão e nesta havia somente duas celas. Fui calado, sabia que não adiantava argumentar e, se me debatesse, me machucaria; era melhor estar bem, talvez pudesse dar um jeito de sair daquele buraco. Morgane estava desesperada, suas servas estavam penalizadas, porém cumpriram a ordem. Ali, todos sabiam que tinham de fazer o que lhes fora ordenado.*

Ueles fez uma pausa e se emocionou porque não somente via as cenas, tinha a sensação de revivê-las. Não chorou, com certeza aquele espírito não chorava. Voltou a contar:

– Abriram a cova e amarraram uma corda na grade, que era muito pesada; um dos soldados pisou em cima, jogou a corda no buraco e ordenou: "Desça, você; depois, ela!". Peguei a corda e desci, ela não chegava ao fundo, pulei e esperei por Morgane; ela não queria entrar naquele buraco, gritava pedindo piedade ao marido. Quando ela fez uma pausa, roguei: "Venha, Morgane! Não adianta! Desça, se não eles a jogam". Morgane desceu, eu a peguei, eles puxaram a corda, colocaram a grade e a trancaram. Era de tarde, ali havia pouca claridade. Abraçados, Morgane chorou até se cansar. Sentamos e as pernas ficaram encolhidas. "Ainda bem", pensei, "que não é inverno, senão morreríamos de frio". Foi uma noite horrível, dormimos pouco e minha amada chorou muito. Amanheceu, a claridade nos despertou, ficamos de pé. Observei bem o local, não tínhamos mesmo como sair. "Estou com sede e fome", queixou-se Morgane. Tive de falar a ela o que era de fato aquele castigo. "Estamos presos, não há mesmo como sair, não seremos alimentados e não teremos água." "Meu Deus!", Morgane chorou. Escutamos risos e gozações, durante o dia, de pessoas que iam ao pátio e tentavam nos ver pelos vãos da grade. Foi uma humilhação. Morgane, cansada de chorar, passou a resmungar. Porém continuou pedindo para quem estava lá em cima para rogar ao marido para perdoá-la. "Por favor, Morgane", pedi, "não faça mais isso, não implore mais. É lei, é nossa lei, ou agora a lei deles. Condenado à cova é para morrer nela. Depois, o senhor do castelo não nos soltará. Todos ficaram sabendo da traição". Morgane entendeu, porém, ao escutar pessoas lá em cima, ainda pedia. Eu não sabia como amenizar o sofrimento dela, que sentia mais o castigo do que eu, porque, acostumada a ter de tudo, a se alimentar bem,

aquele espaço, a sujeira, a fome e principalmente a sede a maltratavam. E, como previra, foi ficando pior, o corpo doía terrivelmente pela falta de espaço, a fome fazia doer o estômago, e a sede nos fazia delirar. Morgane não falava mais, não tinha forças; na terceira noite, escutei um barulho, acordei Morgane e foi jogado algo lá de cima. Peguei. Era uma tripa com água: dei-a a Morgane, que a bebeu ávida, tomei menos do que a metade, e quem jogou a água também jogou uma faca. "Deve ter sido minha serva, a que veio comigo quando me casei, gostamos muito uma da outra." Continuamos com sede, mas aquela água foi abençoada. O dia clareou. "Você acredita mesmo que não vamos sair daqui?", Morgane perguntou. "Não sairemos. A cova foi construída de tal forma, com as paredes lisas, que é impossível escalá-las; depois, não tem como alguém abrir a grade, que é pesada e está trancada." "O melhor então é morrer logo." "Perdoe-me, Morgane, não deveria nem ter olhado para você", roguei. "Erramos os dois", respondeu ela. "Se não fosse você, seria outro." Morgane estava delirando, porém, agora, lembrando-me do que ela falou, me pergunto: o que ela quis realmente dizer? Minha amada ora segurava a faca ora a escondia na sua saia. Devia ser depois do meio-dia quando ela me olhou e falou: "Amo você, arrependo-me por não ter sido mais esperta". Sem que percebesse, ela se virou para a frente do paredão, jogou seu corpo na parede fria e caiu, ou se ajoelhou. Apavorado, vi que ela enfiara a faca em seu peito. Calculara bem e o fizera entre duas costelas. "Morgane! Morgane!", repetia. Logo parou de respirar. "Vou me matar também", pensei. Fui tirar a faca dela, de seu corpo, porém era uma faca pequena, com cabo curto e chato, a serva deve tê-la achatado para passar na grade, o cabo se soltara e não consegui tirá-la. Sofri muito. Quando escutei conversarem lá em cima, gritei: "A senhora morreu!". Com certeza, quem escutou foi contar ao comandante, que foi até a grade e gritou lá de cima: "É verdade que a senhora morreu?".

"É, sim, senhor", respondi. Penso que uma hora depois a grade se abriu e jogaram a corda, que, desta vez, chegou até ao fundo e ordenaram: "Suba, traidor!". Subi. A claridade me incomodou; fiquei entre dois soldados que me amarraram as mãos à minha frente. Um soldado desceu e logo içaram o corpo de Morgane. Vi o tanto que ela estava diferente: os cabelos longos soltos ainda estavam lindos; seus lábios estavam feridos, ressecados; as roupas, sujas e encharcadas de sangue. "Morreu por esta faca", disse o comandante, após olhá-la. "Foi você quem a matou?" Esse comandante havia sido meu amigo até dias atrás. "Não, senhor, ela se matou." "Onde arrumou a faca?" Não poderia nunca dizer que fora jogada. Quem a jogou fizera um ato caridoso, pois Morgane não merecia sofrer mais. Inventei: "A roupa, a saia que vestiram nela tinha, ao lado, um vão, onde a senhora havia, dias antes, escondido a faca. Ela aguentou o quanto pôde". "Por que não se matou?" "Não consegui tirar a faca", respondi. "Jogue-o do penhasco, é a ordem do senhor." Indiferente e até aliviado, escutei do comandante a ordem; era melhor morrer rápido do que voltar para a cova e sozinho. Servos pegaram o corpo inerte de Morgane e o levaram para dentro do castelo. Ora ajudado, ora empurrado, fui levado para a borda do penhasco, senti o empurrão, depois ouvi o barulho do meu corpo batendo nas pedras e senti uma dor insuportável. Penso que todos meus ossos se partiram, senti-me afogado pelas águas e depois os peixes me comendo. A dor era tanta que não conseguia nem pensar. De repente, alguém me pegou, me colocou num leito macio, me limpou, tomei água doce, um caldo e dormi. Acordava, me mexia, não sentia dores, tomava caldos, água e dormia até que despertei de fato. Um senhor, o dono da cabana, o que via e sentia ser cuidado por ele, me explicou que estava ali na casa dele. "Estou morto?", perguntei. "Seu corpo morreu." Esforcei-me para estar bem. O local em que estava era uma simples cabana; quando consegui me levantar, saí e vi que essa casinha

ficava perto do mar, ao lado do penhasco. "Nunca vi uma cabana aqui!", admirei-me. O senhor me explicou que era uma construção somente para os mortos do corpo de carne. Entendi que meu corpo morrera, sofri muito, aquele bondoso homem me socorrera, cuidou de mim, estava num abrigo, e ele cuidava de muitos outros. Quis saber de Morgane, não tive informações. Saí do abrigo sem pedir permissão e fui ao castelo andando como encarnado, subi a encosta. Vi pessoas e notei as diferenças entre mim e elas. Andei por lá, primeiro no pátio, vi a cova, arrepiei-me. Não conheci as pessoas; depois de observá-las bem, reconheci algumas, mas elas estavam mais velhas. Anos haviam se passado. Procurei pelo senhor do castelo, vi-o velho, enfermo no leito; a esposa, pois se casara de novo, cuidava dele, tivera filhos. Vi no castelo três desencarnados e indaguei a eles por Morgane, eles não sabiam dela. Ao rever o senhor, senti muito ódio. Voltei à cabana, fiquei calado, pensei muito e decidi: não perdoo, vou me vingar, castigar o senhor. O abnegado senhor da cabana conversou comigo, tentou me convencer a seguir minha vida, não perder tempo fazendo o mal, que devia fazer algo de bom para mim. "Perder tempo?! Que tempo? O que fazer por mim? Quero me vingar! Vou fazer o que quero. Não dê palpites na minha vida. Quem mandou me socorrer? Não lhe pedi. Cuide de seus enfermos." Saí e fui ao castelo. Com ódio, tentei fazer com que ele, o senhor, sofresse mais. Ele morreu, ou seja, seu corpo carnal morreu; como se fala por aqui, ele desencarnou. O espírito dele ficou no corpo, havia mais espíritos querendo se vingar dele. Resolvemos que deixaríamos ele ser enterrado com o corpo, depois de dias o tiramos. O castigo dele, decretado por nós, era ser jogado do penhasco. Nós o empurrávamos nas pedras, o pegávamos e o jogávamos novamente. Perturbado, gritava, e nós nos deliciávamos com seus gritos. O grupo de castigadores foi diminuindo, entendi que era o homem da cabana quem os afastava, um dia não encontramos mais o senhor do castelo. Fui afrontar o trabalhador do bem na cabana, não consegui me aproximar dele, xinguei-o. Ele somente me disse: "Ingrato! Infelizmente terá de ir para onde merece!". Sem entender, agora sei, fui levado para o Umbral. Enturmei-me lá. Acho certo ter de servir para receber algo em troca. Trabalhei para eles pela informação, queria saber onde estava o senhor do castelo. Soube que ele e Morgane estavam socorridos e, entre os bons espíritos, era impossível fazer alguma coisa com eles abrigados. Mas eles voltariam na carne. Aprendi muito na Zona Umbralina e esperei. Com satisfação, recebi a notícia de que o senhor do castelo reencarnara num país distante. Meu chefe veio comigo. Primeiro certificamo-nos se a notícia era verdadeira, mas bastou olhar para Marison para ter certeza; depois fomos ao Umbral e fiquei com um grupo nessa cidade que moro. Aqui tive de aprender o idioma, servi, trabalho para eles, tenho tempo livre e me dedico à minha vingança. Viram, senhores bonzinhos, como tenho razão?

Ueles terminou sua narrativa, a emoção inicial passara, estava confiante; olhou para José e para mim, que estávamos atentos, e também prestavam muita atenção os três atrás de nós. Respondi:

– Ueles, de fato aconteceu o que nos narrou. Porém deve também ser lembrado que a traição era, nesse lugar em que viveu, algo muito grave e punido com severidade, era costume e você sabia disso. Vamos lembrar? Por três vezes você foi escalado para jogar traidores do penhasco e o fez como um trabalho, sem sequer pensar em quem era jogado. Morgane viera de outro lugar; onde morava ela sempre usava de sua beleza para conseguir o que queria, gostava de namorar, encantava jovens e depois os desprezava. Um deles se suicidou, outros sofreram. O senhor do castelo ajudou a família dela, e Morgane se casou por livre vontade. Fez de tudo para conquistar o marido que era bom para ela, a deixava fazer até coisas que os maridos ali não deixavam. Ele soube da traição quando voltou da viagem, sofreu, iludiu-se e quis ver. Falou que ia viajar novamente, saiu e voltou. Poderia

tê-los matado naquele momento, porém quis que sofressem porque ele também sofria, pois amava demais a esposa. Depois dessa traição, ele se tornou uma pessoa pior, amarga, rancorosa e fez atos ruins.

– Vai me culpar por isso? – Ueles riu.

– Tornou-se, de certa forma, responsável – respondi. *– Assuma a sua parcela de culpa nesse fato.*

– Nunca! Ele fez e deve pagar! Pior que vi, sei agora que Morgane é a Cássia.

– Não é motivo para pôr fim nessa vingança?

– Procurei-a tanto! Cássia é muito feia. Como Morgane era linda! Como pode? – Ueles queria entender.

– Ueles – tentei fazê-lo entender –, *Morgane sofreu muito quando desencarnou, ficou vagando pelo castelo, perturbada, muitos a viam. Um padre foi chamado, benzeu o castelo, desencarnados bons que foram com este sacerdote a socorreram. Por anos sua amada ficou perturbada sentindo dores e remorso. Quando o senhor do castelo foi socorrido, eles se encontraram. Os sofrimentos os amadureceram, estavam arrependidos: Morgane, por ter brincado com os sentimentos das pessoas, por tê-lo traído e por ter se suicidado. Ela não sentira ou sentiu raiva dele. E ele sentia remorso por ter feito muitos atos maldosos. Perdoaram-se e pediram para reencarnar. Foram aconselhados a fazê-lo longe daquele lugar, país, para de fato ter um novo recomeço. Assim foi feito, são irmãos.*

– Aquela... defende o irmão, levou cintadas no lugar dele. Como pode? Linda e feia! – Ueles estava de fato indignado.

– Se Morgane achou que foi a beleza física a causa de muitos dos seus sofrimentos, a repeliu, quis voltar num corpo sem beleza – tentei fazê-lo entender.

– Eu, me vingando de Marison, prejudico a todos, achei bem feito, quem mandou recebê-lo na família. Mas ainda amo Morgane, não essa Cássia, menina feia, e não quero fazê-la sofrer

mais ainda. Se não tivesse sido seu amante, ela não teria sofrido. Nunca quis nada de mal a ela.

– *Você, continuando a agir assim* – argumentei –, *a fará sofrer mais ainda. Se o pai ficar desempregado, todos na casa passarão por necessidades, até de alimentos. Em outras surras, ela receberá as cintadas. Morgane, Cássia, sofrerá mais.*

– *Preciso pensar!* – Ueles suspirou.

– *Vamos deixá-lo sozinho. Que Deus o abençoe!* – desejei de coração.

Ueles afastou-se da grade, sentou-se na cadeira e depois se deitou no leito e ficou pensando.

No outro dia nos chamou; assim que nos foi possível, fomos conversar com ele. Nem esperou que falássemos algo, disse o que decidira:

– *Senhores, quero voltar para a cidade Umbralina porque é lá o meu lugar. Gosto de lá e do que faço. Vou adiar minha vingança. Já esperei muito e posso esperar mais uns anos. Voltarei para me vingar; minha vingança é justa, como os senhores escutaram. Quando ele estiver adulto, voltarei e atingirei somente ele. Farei isto para não atingir a Morgane, a Cássia.*

– *Vingança nenhuma é justa* – disse José. – *Gostaríamos que você entendesse a necessidade de se melhorar, fazer algo de bom a você. Aproveite essa oportunidade.*

– *Estou bem e não quero conselhos. Se estou aqui foi porque a avó pediu e, para ajudá-los, entendo que tenho de ser afastado. Estou me afastando. O que faço ou o que irei fazer não é da conta de vocês.*

– *Sinto que, quando você decide, cumpre* – disse. – *Mas antes de você ir, ouvirá novamente a palestra que teve nessa segunda-feira que foi dada pelo Aristotes. Depois poderá ir embora.*

Ueles se sentou, permaneceu calado, e a palestra foi repetida por meio de uma tela no cômodo em que estava.

O palestrante abordou o tema de *O Evangelho segundo o espiritismo*, capítulo 12, "Amai os vossos inimigos". Textos tirados dos Evangelhos: Mateus, 5:5 a 20, 43 a 47 e Lucas 6: 32 a 36.

Ueles quis parecer indiferente, porém certas citações de Aristotes lhe chamaram atenção. "Se o amor ao próximo é o princípio de caridade, amar aos inimigos é a sua aplicação máxima, pois esta virtude é uma das maiores vitórias alcançadas sobre o egoísmo e o orgulho. É perdoar-lhes, sem pensamento oculto e sem impor condições, o mal que nos fazem. É não colocar nenhum obstáculo à reconciliação. É desejar-lhe o bem no lugar do mal."

"*Realmente*", pensei, "*esse capítulo de* O Evangelho segundo o espiritismo *é belíssimo*."

Ueles escutou toda a palestra de trinta minutos de cabeça baixa; quando terminou, levantou-se da cadeira, ergueu a cabeça e nos olhou.

– *Agora pode ir* – disse José.

Abri a cela, Ueles nos olhou desconfiado, saiu rápido, caminhou até a porta, olhou para trás, José e eu o olhávamos, atravessou a porta e volitou.

3º CAPÍTULO

Dias depois, o grupo se reuniu. José nos deu as notícias:

– *Ueles voltou à cidade Umbralina, não foi mais à casa de Marison, penso que ele cumprirá o que determinou, não quer fazer sofrer, mais ainda, aquela que tanto amou.*

– *Ueles, fazendo o que faz no Umbral, vingando-se, agiu e age errado. É responsável por esses atos. Estará aumentando sua carga negativa?* – perguntou Clara.

– *Com certeza* – respondeu José. – *O livre-arbítrio é do espírito, fazemos atos bons ou não nos dois planos, Físico e Espiritual. Nós não estamos fazendo o bem? Atitudes são nossas, de cada um, e não importa se as fazemos encarnados ou desencarnados. Ueles continua errando e aumentando sua colheita nociva.*

– Como ficou a família? Não vieram mais aqui – Urbano quis saber.

– Desde aquela segunda-feira, todos melhoraram – comentei.

José deu as informações:

– Perto da residência deles, há um centro de Umbanda. Inês pediu informações e, no sábado à tarde, eles fazem um trabalho especial para crianças, ela foi com a filha e os netos. Eles gostaram muito, principalmente porque o grupo umbandista estava comemorando a festa de Cosme e Damião, as crianças ganharam doces. Ivan foi na sexta-feira à noite, recebeu passes e gostou. Incentivados por Inês, Ivan planejou ir nas sextas-feiras, e Marilda e as crianças, no sábado à tarde. Visitei o terreiro de umbanda, fui muito bem recebido, contei-lhes o que ocorreu com a família e pedi a eles que os protegessem; me garantiram que, se eles frequentarem, estarão protegidos. Com Inês dormindo, afastei seu espírito do corpo, conversei com ela e pedi para que insistisse sempre com a família para irem a esse centro, que é perto da casa deles, fácil para irem. Inês prometeu e cumpriu. No outro dia, domingo, mãe e filha preparando o almoço, Inês conversou com a filha, a fez prometer que continuaria a ir e a escutei pensando: "Sempre que telefonar, a lembrarei do que me prometeu". Inês conversou com as crianças, pediu a elas, principalmente Marison, que não enfrentassem mais as pessoas, o pai, que tudo seria mais fácil se elas fizessem de bom grado as pequenas tarefas. O garoto respondeu: "Não sei por que não peguei o caminhãozinho, pois fui eu que o deixei no meio do caminho. Pode deixar, vovó, não faço mais isso; não vou deixar mais nada esparramado e irei fazer tudo o que papai mandar". Inês deve ter feito o pedido mais vezes. O fato é que todos estão calmos. No almoço, foi a vez de Inês falar com o genro, ela disse: "Ivan, que bom você estar gostando de ir às

sextas-feiras à noite no centro, você está calmo e tranquilo". Ele respondeu: "Dona Inês, de fato, foi muito bom, e irei sempre; estava muito nervoso, mudei. O meu patrão até comentou comigo, disse: 'Ivan, ainda bem que melhorou, estava até pensando em despedir você'. Graças a Iemanjá, a Rainha do Mar! A senhora, dona Inês, viu na parede do centro um quadro de Iemanjá? Ela é linda e poderosa; fiz uma promessa, pedi a ela: 'Iemanjá, faça eu voltar a ser calmo, por favor; se isso ocorrer, irei com minha família ao mar e jogarei rosas brancas para a senhora'. Agora irei cumprir, juntarei dinheiro e iremos nós quatro de ônibus, hospedaremo-nos numa pousada simples e iremos conhecer o mar. Jogaremos as rosas brancas para Iemanjá".

– *Inês* – continuou José contando após uma ligeira pausa – *não concorda com promessa, porém sorriu; se todos estavam bem, era o que importava, e incentivou Ivan a continuar indo e a orar sempre para Iemanjá. Com jeitinho, pediu ao genro que tivesse paciência com os filhos. Ele prometeu ter. Inês voltou para sua casa deixando-os bem.*

– *Será que Ueles voltará para se vingar? Conseguirá perseguir Marison quando ele estiver adulto? Que coisa! Ele, egoísta, só pensou no que lhe fizeram! Como pode?* – Clara quis saber.

– *A maioria dos espíritos que ainda não aprenderam a amar pensa assim, no que lhe foi feito e não no que fez. Facilmente se vitimam. Quando ele voltar, não temos como saber. Os acontecimentos no Umbral são imprevisíveis* – José esclareceu a estudante. – *Ele planejou esperar por uns anos até Marison ficar adulto, para voltar a persegui-lo. No Umbral, ele poderá se preparar mais ainda para esta tarefa, porém ele ficar lá ou não dependerá de muitas coisas: o grupo dele pode se envolver em disputas com outros e, se perderem, ele pode se tornar escravo e não poder sair; pode também o seu grupo se desfazer pela intervenção de bons espíritos, e ele ser levado para outro local, doutrinado e pode, embora seja raro isso ocorrer, mudar de ideia. Se nada disso ocorrer, ele realmente esperar e voltar para se vingar, dependerá do modo que encontrar Marison. Se o garoto, espero e desejo, seguir, frequentar o centro de Umbanda ou se tornar frequentador de um local de oração, se tornar uma pessoa boa, dificilmente Ueles conseguirá prejudicá-lo, pelo menos não como ele planeja. Agora, se Ueles encontrar em seu desafeto uma pessoa que não ora, nada faz de bom, sem a proteção de um lugar de oração, a obsessão poderá novamente ocorrer.*

– José – observou Clara *–, vi nas crianças, tanto em Cássia quanto em Marison, que eles têm um carma pesado; ao saber das histórias deles, com certeza, irão ter muitas dificuldades nesta encarnação, não é? Seus corpos físicos são doentes.*

– Sim, de fato – respondeu José. *– Essas duas crianças são doentes e basta olhá-las para entender que terão muitos problemas com enfermidades. Erraram no passado, arrependeram-se, os atos errados adoeceram seus perispíritos que, ao reencarnar, transmitiram esta característica ao corpo físico.*

– Será que não conseguimos suavizar isso? – apiedou-se Clara.

– Isso já foi feito – respondeu José. *– Ao afastarmos Ueles de perto deles, a situação melhorou.*

– Não dá para fazermos mais nada? – Clara queria realmente ajudá-los.

A estudante perguntou e olhou para Huberto, todos nós olhamos para ele, que sorriu e explicou:

– Somos livres para cometer algo ruim, então somos culpados; a pena, penalidade, segue a culpa. Somos livres para agir errado, mas não o somos para sofrer a pena que o erro acarreta. Assim, podemos ou não cometer atos errados, mas, ao cometê-los, não podemos nos esquivar do efeito, da pena, da sanção da infração da lei que foi infligida. Se fosse possível cometer erros sem que houvesse penalidades, haveria o perigo de se estabilizar a harmonia do mundo. Se pudéssemos nos opor às leis de Deus,

não teríamos o cosmos, mas sim o caos. Com certeza podemos neutralizar toda ou parte da pena inevitável também pela livre vontade. Mas só nós podemos fazer isto. Então, cara Clara, o que você pode fazer é mandar boas energias a essas duas crianças, para que se fortaleçam em espírito, para que não se revoltem, que tenham forças para suavizar seus sofrimentos, para que aproveitem para se melhorarem e aprenderem.

– *Minha avó* – disse Clara – *repetia sempre um ditado: "Muitas vezes cumpri chorando o que prometi sorrindo". Ela poderia reformulá-lo: "Fiz coisas sorrindo e recebi o efeito chorando".*

– *Se não forem atos bons, isto ocorre* – sorriu Huberto.

– *Ueles falou que "trabalha". É certo o termo que ele usa?* – Clara quis saber para aprender.

– *Toda atividade* – esclareceu José – *física ou intelectual é um trabalho. No dicionário, "trabalho" é: aplicação da atividade, serviço, esforço para fazer algo, pôr em obra, ocupar-se com alguma coisa etc. Vemos ociosos no Umbral, mas os que estão sob ordens de alguém, os abrigados nas suas cidades, têm de cumprir ordens, fazer obrigações, tarefas, trabalhar. Os ociosos são normalmente castigados. Infelizmente, suas atividades resultam quase sempre num mal a alguém. A maioria dos espíritos que se designam trevosos são ativos.*

– *Que pena que Ueles não aceitou se modificar. Que oportunidade ele perdeu!* – Clara se apiedou.

– *De fato* – concordou Urbano –, *ele perdeu uma grande oportunidade e, pelo que escutamos dele, foi a segunda. A primeira com aquele abnegado socorrista da cabana, um pequeno posto de socorro; a outra, a que oferecemos aqui. Estamos sempre tendo oportunidades, e estas vêm através de outros irmãos. Que nos sirva de exemplo este relato, todos nós devemos estar atentos para não recusar as diversas oportunidades a nós apresentadas, porque perdê-las pode ser causa de muitos sofrimentos.*

Despedimo-nos e demos por encerrado mais este trabalho.

TERCEIRA HISTÓRIA

1º CAPÍTULO

Maria Helena, Rosely, Sílvia, Sueli, Marisa e Cláudio estavam abrindo o salão onde funcionava o centro espírita, numa terça-feira, às quinze horas, para mais um trabalho de Atendimento Fraterno. Cláudio abria a porta quando um senhor passou, o cumprimentou e perguntou:

– Aqui é um centro espírita?

– Sim – respondeu Sílvia.

Ele olhou e se benzeu, ou seja, fez o sinal da cruz: cabeça, ombros e peito. O grupo sorriu, e Sueli indagou:

– O senhor não quer entrar?

– Aí tem água? Com esse calor, estou com sede.

– Entre, por favor – convidou Maria Helena.

O senhor entrou. Convidado a se sentar, o fez, e olhou por tudo curioso.

Marisa lhe trouxe a água.

– Como o senhor se chama? – perguntou Sílvia.

– Chico.

– Francisco?

– Chamo-me Ariovaldo, mas todos me conhecem por Chico – respondeu o senhor e tomou a água. Depois indagou: – Aqui é mesmo um centro espírita?

– É, sim – respondeu Rosely. – O senhor nunca entrou em um antes?

– Não, senhora. Achava que centros espíritas eram diferentes. Aqui é simples. O que vocês fazem neste lugar?

– Oramos e ajudamos as pessoas – explicou Maria Helena.

– Não quer que oremos para o senhor? – indagou Cláudio.

– Sim, quero. Mas o que tenho de fazer?

– Pode ficar sentado aí, nós vamos orar para o senhor – afirmou Sueli.

O grupo o rodeou, estenderam as mãos e lhe deram um passe.

Sem que os encarnados percebessem, a não ser Rosely, que sentiu uma energia negativa, um desencarnado entrou no centro espírita, gritando.

– O que você está fazendo aqui? – xingou. – *Não posso me descuidar por um momento?*

Bravo, irado, além de xingar, quis atacar os encarnados e as duas trabalhadoras desencarnadas que ali estavam para ajudar.

– José! Eulália! – gritou Fátima, uma das trabalhadoras desencarnadas.

Rapidamente, José e Eulália, que estavam no posto de socorro do Plano Espiritual, que é uma continuação da construção material, foram até lá. O desencarnado, querendo demonstrar que era poderoso, esbravejou mais.

– *Calma! Calma!* – pedia Fátima.

José o olhou e o imobilizou somente com sua força mental. O desencarnado parou com os olhos arregalados e avermelhados, sua boca espumava. Ele tentou se mexer, não conseguiu.

– *Por favor* – José falou devagar e em tom baixo, porém demonstrou ser enérgico –, *fique quieto! Está num local de oração e respeito.*

Pegou-o e o levou para dentro do posto. Deixou o desencarnado fechado numa pequena cela. Desmobilizou-o. Ao se ver solto, ele se debateu e voltou a xingar.

– *Pare!* – ordenou José. – *Se você se machucar aqui, não conseguirá se curar como com certeza o faz. Se não parar de gritar, deixo-o mudo.*

Como não parou, José se concentrou e lhe tirou a voz. Aí ele se assustou, aquietou-se e ouviu de José a explicação:

– *Entrou aqui, na minha casa, e não o fez com educação. Por isso tive de fazer isso com você. Calma, irei ver o que está acontecendo; enquanto isso, ficará aí, depois converso com você.*

José voltou à sala onde os encarnados estavam. O grupo continuava conversando com o homem.

– O senhor está com dor? – perguntou Marisa a Chico.

– É minha perna, machuquei-a há tempos, faz muitos anos, ela não sarou completamente e sempre dói.

Levantou a calça e mostrou a perna, que, entre o tornozelo e o joelho, estava muito inchada, com grandes manchas escuras.

– O senhor faz tratamento médico? – Sílvia quis saber.

– Faço, sim; vou sempre ao posto de saúde, tomo remédios, mas melhora um pouco somente.

– Aonde o senhor estava indo? – perguntou Sueli.

– Comprar açaí. Minha mulher quer, está com vontade. Desci do ônibus na esquina de cima, me perdi; foi somente aqui, na frente, que vi o local onde vendem.

– O senhor tem dinheiro? – perguntou Cláudio, que se apiedou da situação daquele homem.

Chico se vestia de forma simples, tinha poucos dentes; embora suas roupas estivessem limpas, tinha aspecto sujo.

– Tenho, sim; sou aposentado.

– Se o senhor quiser ficar um pouco aqui sentado, pode ficar – disse Marisa.

– Vou ficar, sim; gostei do lugar. Tenho sofrido...

– Se o senhor quiser conversar, podemos ouvi-lo – falou Maria Helena.

– Não tenho estado bem, ultimamente sinto-me vigiado, perseguido, tenho pesadelos em que escuto que alguém quer que eu sofra, e muito. Minha mulher não tem paciência comigo.

– *Ele está sendo obsediado por aquele desencarnado* – disse Fátima a José. – *Poderemos ajudá-lo?*

– *Vamos primeiro ver o que acontece* – José é sempre cauteloso.

O grupo que faz parte do Atendimento Fraterno ficou conversando com Chico por alguns minutos.

– Venha outras vezes. Todas as terças-feiras estamos aqui neste horário das quinze horas para atender as pessoas, ajudá-las – convidou Maria Helena.

– Traga a esposa, venham os dois – Sílvia reforçou o convite.

Chico prometeu que iria, estava ali se sentindo bem como havia tempos não se sentia. Despediu-se e foi comprar seu açaí. Rosely, mais sensível, sentiu que aquele homem não vibrava bem, mas, discreta, não comentou. Outras pessoas chegaram, o grupo foi atendê-las.

Quando José retornou ao salão, viu uma senhora desencarnada encostada na parede perto da porta.

Algo que um desencarnado pode aprender e o faz facilmente é olhar para uma pessoa, seja encarnada ou desencarnada, e saber o que ela é, se boa ou não. José foi cumprimentá-la, deu boas-vindas. Era um espírito bom.

– *Chamo-me Terezinha* – apresentou-se ela –, *fui esposa de Manoel, este desencarnado que o senhor levou para dentro, espero que esteja preso. Ele é o obsessor de Chico. Rogo por ele, por aquele que foi meu marido. Quero ajudá-lo, fazer com que ele perdoe e deixe de obsediar. Rogo ao senhor, peço-lhe em nome de Deus: me ajude!*

– *Ajudaremos!* – prometeu José.

Pediu a Clara para seguir Chico e ver o que estava acontecendo com ele e onde morava. Entrou em contato com a equipe deste estudo e marcou uma reunião. Clara rapidamente foi atrás do senhor e depois o acompanhou até o seu lar.

O desencarnado, que agora sabia que se chamava Manoel, ficaria preso até segunda-feira, quando, por meio de uma manifestação mediúnica, conversaria conosco.

Clara, horas depois, voltou e informou a José:

– *Como fui escalada, acompanhei Chico, que saiu daqui, fez algumas compras e foi para casa. Não gostei do que vi e não quero voltar, pelo menos não sozinha.*

– *Tem outros desencarnados com ele, no seu lar?* – José quis saber.

– *Não, os encarnados são confusos. O casal briga muito, não se respeita, são idosos e doentes, embora não tenham nenhuma enfermidade grave. Eles se queixam muito. Não têm filhos. São ambos aposentados. Um ofende o outro, se acusam de coisas que aconteceram há tempos. Dália, assim se chama a esposa de Chico, diz que ele namorou uma vizinha há muitos anos, que a traiu etc. Ele fala que ela é ranzinza, está velha e feia. As ofensas são inúmeras.*

– *Eu vou lá* – ofereceu-se Urbano. – *Tentarei saber o que acontece.*

– *O Chico tem umas manchas no seu perispírito* – observou Clara.

– *Eu vi* – disse José –, *são manchas de quem já tirou alguém da vida física.*

– *Assassino?!* – Clara se espantou.

– *Sim* – José foi lacônico.

– *E mesmo assim o grupo pensa em ajudá-lo?* – perguntou Clara.

– *Sim. Vamos atender ao pedido de Terezinha* – decidiu José.

Urbano foi fazer sua tarefa, visitou Chico e Dália no lar deles; quando voltou, informou:

– *Chico não se arrependeu do que fez, não gosta de pensar no fato que magoou tanto Manoel, que, o obsediando, o fazia recordar. Sem o obsessor, Ariovaldo Chico repele esses pensamentos. Ele não se sentiu obsediado, pensa que foram somente uns momentos ruins que teve. Dália, a esposa, não sabe o que o marido fez. Ele contou que ficou órfão, que era filho único, que morou com uma tia que o maltratava. Não fala do passado, e Dália não se interessa por este assunto. O fato é que ele, quando saiu da cidade que morava, despediu-se, tinha pais e irmãos. Veio para longe e nunca mais deu notícias. Comentaram que ele, envergonhado por ter sido surrado na delegacia, ficou envergonhado, mas a mãe sentiu que era por culpa ou medo. Não temos o que fazer por ele.*

– *Você tem razão, Urbano; deixaremos Ariovaldo Chico* – determinou José.

O grupo se reuniu, conversamos sobre essa obsessão.

– *Ainda bem* – opinou Clara – *que não iremos ajudar Chico, é um assassino e não se arrependeu.*

– *Será que se lembrássemos de todas as nossas reencarnações não nos lembraríamos de que já tiramos alguém da vida física?* – Huberto perguntou, porém o fez mais para si.

– *Você tem razão* – concordou Clara. – *Estou pensando: se a equipe encarnada do Atendimento Fraterno soubesse que esse senhor, o Chico, é um assassino, que matou uma pessoa, será que eles o atenderiam como o fizeram?*

– *Clara* – José elucidou a aprendiz –, *pense no que Huberto falou, todos nós temos erros cometidos. Realmente, tirar um espírito da vida física é algo bárbaro, tanto que mancha o perispírito com uma nódoa difícil de se limpar, clarear. Acredito que a equipe encarnada do Atendimento Fraterno o atenderia se soubesse, do mesmo modo. Não é o doente que precisa de médico? Se por esse atendimento ele se arrepender, estarão fazendo um bem enorme a ele.*

– *O obsessor foi o assassinado?* – Urbano quis saber.

– *Saberemos quando entendermos o que aconteceu* – respondeu José.

– *Por enquanto sabemos pouco* – concordou Urbano. – *Chico se perdeu e foi convidado a entrar no centro espírita.*

– *De fato, Chico entrou aqui por acaso* – explicou José. – *Isto é, se o acaso existisse. Foi Terezinha que o fez confundir o lugar, se perder e entrar aqui mais para tomar água. Ela tentou e conseguiu porque sabia que Manoel, o obsessor, viria também. Tudo isso ocorreu na hora do atendimento. Terezinha sabia bem o que estava fazendo. Ela tentou tanto encarnada como desencarnada ajudar o esposo, ela não conseguiu e apelou para nós.*

– *Vamos então planejar essa ajuda* – disse Eulália.

Juntos planejamos.

2º CAPÍTULO

Levamos Terezinha para ver Manoel e ficamos ao lado dela, José e eu; o restante do grupo ficou atrás.

– *Manoel!* – chamou Terezinha.

– *Ah! É você! Devia ter pensado que somente você podia estar atrás disto. Ingrata! Você é...*

– *Pode parar!* – ordenou José.

Manoel continuou a xingar, José o fez se calar, afastamo-nos.

– *Ele não xingava assim quando encarnado* – informou Terezinha.

– *Penso que, ao ficar com o grupo que vaga naquele cemitério, aprendeu* – concluiu José. – *Estamos sempre tendo oportunidade de aprender, até as coisas ruins. Terezinha, Manoel ficará conosco, receberá orientação pela manifestação mediúnica. Depois voltaremos a falar com ele.*

Dispersamo-nos.

Urbano fora à casa de Chico e voltara com a mesma opinião de Clara. Resolvemos então não interferir porque também não tínhamos nada a fazer além de aconselhá-los e dar boas energias, porém, quando isto ocorria, os dois recebiam nossas energias salutares, mas logo as dispersavam, porque brigavam, xingavam etc.

Na segunda-feira, José levou Manoel para a sala onde o grupo composto de encarnados e desencarnados se reunia para a orientação de necessitados.

José o colocou perto de um médium, Cristiano. Ele não respondeu a saudação de boa-noite.

– *Não gosto daqui* – resmungou.

Foi então que prestou atenção no local, ali estavam muitos espíritos, ele sabia muito bem que seu corpo físico havia morrido e que estava desencarnado; estes desencarnados se aproximavam de certos encarnados, falavam, e os que estavam no corpo de carne repetiam. Observou bem, o moço que falara por ele era jovem e sadio, de boa aparência. Só não riu porque não entendia o que estava acontecendo.

– *Não estou gostando daqui* – repetiu.

– Por que não?

José intuía Leonardo, o doutrinador encarnado, o Léo.

– *Não estou aqui porque quero. Prenderam-me. Vocês são estranhos, obedecem mulheres. Ela, minha esposa, mandou, e vocês o fizeram.*

– *Primeiro, ninguém ordenou. Foi um pedido. Queremos o seu bem. Veja o que você fez de sua vida.*

Manoel, pelo aparelho que usamos, a tela finíssima conectada à sua mente, viu que quando estava encarnado era mal-humorado, sempre de expressão amargurada, não se entrosava com ninguém, cultivara somente o rancor. Desencarnara e continuara com a mesma vibração.

– Por que não muda, irmão? Está tendo uma oportunidade de conhecer outra forma de viver, de ter paz.

O impacto desse intercâmbio é algo fabuloso. O desencarnado, ao sentir as vibrações do médium, é como se sentisse, às vezes, um balde de água fria ser jogado nele, que o desperta, assim como também sente a paz do outro encarnado, paz que há tempos não desfruta. Isto aconteceu com Manoel, que antes tinha pensado em afrontar o encarnado que falava com ele, ou seja, o doutrinador. Sem entender como, sentiu-se mais tranquilo, aquietou-se porque gostou da paz do ambiente e, quando gostou, sentiu-se melhor e com sono.

– Vamos perdoar? Esqueça o que lhe fizeram e pare com essa perseguição. Cuide de você!

– *Não esqueço! Não perdoo!*

– Você não precisa de perdão?

– *Eu?* – Cristiano repetiu o que o desencarnado, no caso Manoel, falara.

Manoel assustou-se, com certeza ele não havia pensado que talvez precisasse de perdão. Argumentou:

– *Fui eu que recebi a maldade, não fui eu que a fiz!*

– Tem certeza que não fez nada de mau? Quem de nós pode afirmar isso?

– *Pois eu não fiz* – Manoel já não estava mais tão seguro.

– O que faz não é errado? Castigar por acaso é certo? – Leonardo insistiu.

– *Castigo! Já me disseram que é Deus quem castiga. Morri e não vi Deus. Ele deve estar longe. Somos nós mesmos que temos de castigar.*

– Deus de fato não nos castiga. Nossos atos nos pertencem. Temos a reação de nossas ações. Se, como diz, ele agiu errado, receberá de volta o que fez.

– *Prefiro eu castigá-lo* – Manoel estava decidido.

– Estará errando e se igualando a ele.

– *Não me ofenda!* – Cristiano falou, repetindo o que Manoel dizia.

– Pense em Jesus, peça forças para perdoar ao Mestre Divino – Léo aconselhou.

Manoel foi ficando sonolento.

– *É... acho que vou pedir: Jesus, me ajude!*

Foi sincero naquele momento. Queria receber ajuda, talvez não a ajuda que o doutrinador, que nós queríamos para ele. Manoel queria dormir, descansar. Foi afastado de perto do médium Cristiano, com muito sono. José o levou de volta ao cômodo, ainda continuaria no posto, conosco. Assim que foi acomodado no leito, adormeceu.

Na terça-feira, Chico e Dália foram ao Atendimento Fraterno e foram muito bem recebidos pela equipe encarnada, receberam passes, conversaram e ganharam de presente um exemplar do livro *O Evangelho segundo o espiritismo*.

– Leiam; este livro nos traz muitos ensinamentos, escolham um dia da semana e em voz alta leiam um texto e depois orem – orientou Sílvia.

– Voltem sempre que quiserem – convidou Maria Helena.

– O senhor não pode xingar, senhor Chico – aconselhou Rosely orientada por José.

– Não briguem, procurem cuidar um do outro – disse Sueli com carinho.

– Quer que o ajude a se levantar? – ofereceu-se Cláudio.

– Querem mais água? – perguntou Marisa.

O casal agradeceu e se despediu. Assim que saíram, conversaram.

– É melhor não vir mais aqui. Se brigamos, o que eles têm com isso? – disse Dália.

– Depois, é longe de casa. Não vamos voltar! – decidiu Chico.

Logo dispersaram as energias salutares que receberam. Combinamos conversar com Manoel à noite. No horário marcado, fomos vê-lo. Terezinha foi também, mas ficou atrás e não seria vista por Manoel.

Nós o acordamos.

– *Manoel!* – chamou José. – *Estamos aqui para conversar.*

Ele se sentou na cama, passou as mãos na cabeça e aí se lembrou do que acontecera com ele naquele lugar.

– *Dormi muito, há anos não dormia assim!* – exclamou.

– *Está se sentindo bem?* – perguntou Eulália.

– *Sim, senhora, sinto-me bem. Onde estou mesmo? Estou preso? Não sou eu o assassino. Prenderam a pessoa errada.*

– *Senhor* – Eulália elucidou-o –, *vou ajudá-lo a lembrar. Entrou aqui exaltado, teve de ser contido e tentamos orientá-lo. Trabalhamos nesta casa; nós, os desencarnados aqui presentes, estamos num centro espírita. Numa reunião, o senhor foi levado para ficar perto de um médium, Cristiano, e pôde conversar com os encarnados, recebeu muitos conselhos. Lembra-se?*

– *Sim, me recordo. Um senhor encarnado me mostrou que perdi muitas coisas por não ter perdoado. Que a ação má dele teria retorno e que não precisava me vingar.*

– *O que decidiu?* – perguntou José.

– *Naquele momento, senti-me sossegado, mas não quero perdoar. O que me importa se Jesus perdoou? Jesus é o filho de Deus.*

– *O senhor não é? Não é filho de Deus?* – perguntou Eulália.

– *Não devo ser; se fosse, Deus não permitiria que ele fizesse conosco o que fez* – Manoel deu um longo suspiro.

– *Afirmo que é filho de Deus! Como foi lhe explicado, Deus não nos castiga, somente recebemos de volta o que fizemos* – disse Eulália.

– *Por que não nos conta o que aconteceu?* – pedi, eu, Antônio Carlos, interessado, como sempre, em ouvir histórias de vida.

– *Posso contar...*

Entramos no cômodo; rapidamente, José trouxe cadeiras, acomodamo-nos num círculo. Somente Terezinha não entrou.

Manoel nos observou, achou que éramos muitos, mas não comentou, estava com vontade de falar, de ser ouvido. Cadenciando, contou:

– *Morava, quando encarnado, longe daqui, numa cidade pequena. Sempre fui trabalhador, casei-me com Terezinha, os senhores a conheceram porque ela estava aqui outro dia. Tivemos quatro filhas e um filho, o meu xodó. Amava aquele garoto. Tudo estava bem, tínhamos somente pequenos problemas: uma doencinha aqui, uma discórdia ali, cinco filhos, muitas despesas. Não me queixava. Até que meu menino, meu filho Marcelo, com onze anos, desapareceu. Ele fora jogar bola, como fazia em muitas tardes, num campinho, com outros garotos. Começamos a procurá-lo duas horas depois que se atrasara. À noite, a família toda o procurava. Os amigos, os outros garotos que costumavam jogar, contaram a mesma coisa: ele fora embora, despedira-se. Marcelo, por ordem da mãe, vinha sempre mais cedo. Erro, porque voltava sozinho. Se ficasse até mais tarde, quando o jogo terminasse, teria companhia para voltar. Ele ia de bicicleta. Voltando ao assunto do sumiço dele, seus amigos disseram que não o viram mais depois que ele fora embora. Desesperamo-nos. Foram quatro dias de agonia: a polícia procurando, parentes e amigos, não dormi, andava desesperado por todos os locais. No quinto dia, recebemos a notícia: haviam encontrado o corpo de Marcelo ao lado de uma estrada de terra que ia para diversas fazendas. Quem o encontrou foram três trabalhadores rurais que foram à cidade, estavam voltando a pé e, ao passar pelo local, viram muitos urubus; um deles sentiu uma imensa vontade de ver o que era e viu o corpo. Um ficou para espantar os urubus e dois, andando depressa, foram à cidade avisar a polícia. Encontraram Marcelo morto! Segundo a polícia, ele falecera na tarde que desaparecera. Fora estuprado e estrangulado. Sofri tanto que pensei que fosse enlouquecer. Passada uma semana, em que fiquei dopado por remédios, passei somente a ter um objetivo: prender o assassino. Para mim, a polícia não estava tão interessada. Então Ariovaldo foi preso; ele, por já ter mexido com outros garotos, era o suspeito. Senti muito ódio, queria matá-lo torturando-o. Ele ficou três dias preso, porém tinha um bom álibi: várias pessoas o tinham visto numa festa. Foi solto. Ele apanhou muito na cadeia, machucaram a perna dele, é a que queixa que ainda não sarou. Quando ele saiu da prisão, foi embora dali, não deu endereço, sumiu. A polícia não teve mais suspeito; eu, desesperado, tentei investigar. Nada. Não descobrimos nada. O tempo passou. Sempre sofri muito, não esqueci. Morri. Desencarnei. Aí pude saber quem foi o assassino de meu filho. Foi mesmo Ariovaldo, que, ao sair da cidade, nunca mais voltou nem deu notícias. Esse monstro planejou esse estupro muito bem. Ele já havia abusado de outros garotos e os ameaçava; os meninos, com medo, calavam-se; depois, sentiam vergonha, temiam gozações e continuavam calados até quando adultos. Ariovaldo foi de fato a essa festa e lá ficou andando de um lado ao outro; no horário que sabia que meu filho ia embora, esperou-o e, verificando que não era visto, entrou com o veículo na frente de Marcelo e o fez entrar no carro dele, deixando a bicicleta na calçada, onde foi encontrada assim que começamos procurá-lo. Meu filho até ficou com medo; depois acreditou que fora eu quem pedira para Ariovaldo o buscar porque tinha me sentido mal e estava no hospital. Entrou no carro. Na estrada, ele parou o carro e fez meu filho descer do veículo, os dois entraram no mato, e ele o atacou. Meu menino lutou e foi estrangulado. Ariovaldo não queria matá-lo e, quando viu que ele morrera, deixou-o jogado no chão, saiu rapidamente dali e voltou à festa. E como nessa festa ele havia andado por toda parte, não parou em lugar nenhum, todos o viram.*

Manoel fez uma pausa para enxugar o rosto e voltou ao seu relato:

– Quando fiz a minha mudança de plano, fiquei, nos primeiros dias, confuso. Quando encarnado, escutara muitas coisas

sobre a morte, principalmente quando Marcelo morreu. Houve uma época que até me interessei sobre o assunto; depois ignorei. Numa tarde, passei mal, minhas filhas me levaram para o hospital, minha pressão estava alta, fazia anos que não ia a médicos, era hipertenso e nem sabia, fiquei três dias internado e, devido a muitos problemas, meu coração parou de bater. Morri e continuei vivo, ou seja, desencarnei. Não vi o meu velório, enterro, acordei deitado no túmulo. Zé Bandeira estava ao meu lado e me vi, indiferente, deitado no túmulo da família, o que eu mandara fazer para Marcelo, e, ao ver Zé Bandeira, não senti medo. Conhecia Zé de muitos anos, ele era conhecido no bairro em que morava, era um morador de rua, viciado em bebidas alcoólicas. Sabia que ele falecera havia uns três anos. E ele, com seu jeito debochado, me informou: "Senhor Manoel, o senhor empacotou. É isto aí: morreu mesmo. Não se preocupe, tenho cuidado do senhor". "Quando foi isto?", perguntei. "Há cinco dias", respondeu ele. "O senhor está bem? Quer sentir que bebe pinga?" "Não, acho que tenho de pensar, estou confuso." "Tudo bem, fique aí, cuido do senhor." Zé Bandeira me ajudou e explicou por que estava me auxiliando: "O senhor me deu muitas vezes comida, roupas e dinheiro para tomar pinga. Não sou ingrato. Ajudo o senhor agora". Dias depois, me enturmei com outros que vagavam pelo cemitério. Foi fácil saber quem foi o assassino de Marcelo. Dois dos meus companheiros que ali vagavam sabiam e me contaram o que acontecera, eles haviam visto. Nada de fato se faz escondido; se o encarnado pensa que ninguém viu, esquece-se dos desencarnados. Quando descobri, senti muito ódio e queria encontrá-lo. Palpites daqui, palpites dali, e um dos desencarnados que ali estava conosco, o que era o mais entendido, me orientou: "Pense em Ariovaldo com toda a força da sua mente". Eu o fiz e soube onde ele estava. "Agora que sabe vá lá e o maltrate." "Como?", quis saber. "Somente o seu ódio basta!" Pensei e resolvi ir atrás de Ariovaldo. Despedi-me daqueles desencarnados, do Zé Bandeira e vim. Nada fica encoberto de fato nem o tempo todo. Vou castigá-lo. Tento e estou conseguindo fazê-lo pensar no crime que cometeu. Ele não quer pensar, mas o faço. Quero que pense nisto dia e noite, como eu também pensava. Vocês não têm o direito de me tirar de perto dele.

– *Você* – disse José – *viu Terezinha, sua esposa. Viu seu filho Marcelo?*

– Os desencarnados do cemitério me deram notícias, me contaram que Marcelo reencarnara, eles sabiam porque disseram que foi Terezinha quem contou a eles. Levaram-me para vê-lo. Agora ele é filho de outro. Que injustiça!

– *Marcelo perdoou* – José tentava fazê-lo entender –, *tentou alertá-los para que perdoassem também; conseguiu que a mãe e as irmãs o fizessem, você não. Marcelo queria esquecer, recomeçar e reencarnou. De fato, aquele que esteve como seu filho é agora filho de outra pessoa. Ele está bem, é amado, segue aproveitando as oportunidades que a reencarnação nos dá. Marcelo, quando desencarnou, foi socorrido; quando adaptado, soube o porquê de sua mudança de plano violenta. Soube e entendeu. Vamos ver também, Manoel, o que aconteceu no passado para vocês terem recebido a reação?*

José não esperou pela resposta. A tela, que já estava preparada, fixada na parede, foi ligada. Manoel prestou atenção.

Na reencarnação anterior, Manoel fora novamente pai de Marcelo, ambos tinham outros nomes. Realmente, de que nos importam os nomes? Tantos já tivemos e tantos ainda teremos. Manoel amava muito o filho e o deixava fazer tudo o que queria, até agir errado. Marcelo estuprou duas moças e dois meninos, Manoel sabia e ajudou o filho a esconder seu crime, pois um destes estuprados desencarnou.

Manoel sentiu ser verdadeiro o que viu. Isto, quando ocorre, de se ver lembranças de outras vidas, sente-se revivê-las e aí se tem a certeza de que de fato aconteceram.

– Marcelo queria resgatar isso – José *explicou. – O remorso o fazia sofrer, sentia necessidade de sofrer na carne o que fizera sofrer. Você também, sentindo-se culpado por ter permitido, tendo acobertado seus erros, reencarnou antes e o recebeu como filho novamente. Você prometeu educá-lo no bem. Manoel, se não existisse reencarnação, poderia dizer que foi injusta a violência que Marcelo sofreu, porém, como se vive encarnado muitas vezes, a violência que ele sofreu foi um aprendizado. Com certeza Marcelo aprendeu a não forçar mais ninguém numa relação sexual.*

Manoel chorou. A tela se apagou, e Terezinha aproximou-se.

– Meu marido, perdoe! Marcelo perdoou! Eu perdoei! Você contou a parte que viveu, o que sentiu nesses acontecimentos. Quero contar a minha versão. Sofri muito com a desencarnação do nosso filho, de Marcelo, só que amava igualmente os cinco filhos. Senti que uma parte de mim morreu com meu filho, mas as outras não. Perdi algo, mas não tudo. Dei então importância ao resto que ficou. Você, Manoel, me bateu duas vezes em que tentei fazê-lo entender isso e por eu ter perdoado, queria que eu guardasse rancor como você. Fechado na sua amargura, você somente trabalhou, afastou-se dos amigos, dos familiares e das filhas. Nada mais lhe importava. Não participou da vida delas nem de suas tristezas e alegrias. Não se importou com os netos. A vida continuou e você ficou parado. Não se prejudique mais. Você está errando sendo obsessor.

– O que você falou, Terezinha, é verdade! – exclamou Manoel. *– Cobrava de mim: Como rir para as filhas ou os netos? Pensava: Marcelo se foi de forma violenta, maldosa. Como sorrir? Todos deveriam sentir o que sentia. Você acha que agora que descobri o assassino, o monstro, devo deixar por isso mesmo? Sofremos, e ele não.*

– Manoel – José interferiu de forma carinhosa *–, em momento algum duvidamos do seu sofrimento. Porém Terezinha*

é quem soube sofrer. Ela tentou amenizar o sofrimento de todos, das filhas, de você e, mesmo ferida, continuou a viver. Você deve prestar atenção ao fato de que Marcelo e você receberam a reação de seus erros cometidos. Seu filho entendeu. Normalmente criticamos nos outros erros parecidos com os que fizemos ou até os que fazemos. Você acobertou seu filho na outra encarnação sem pensar nas vítimas e quando se tornou vítima se rebelou. Fui saber de Marcelo: quando ele desencarnou, foi levado para um educandário, local próprio para crianças que mudam de plano; ele estava certo de que fora perdoado assim como perdoara e que, pela dor, aprendera uma lição importante; ao reencarnar fez planos de ser uma boa pessoa.

– *Como deixar Ariovaldo? Ele merece castigo! Quero vê-lo sofrer* – Manoel estava indeciso.

– *Por acaso alguma vítima do passado de Marcelo quis vê-lo sofrer? Não! Pois eu digo que uma sofreu com ele e por ele, esteve com vocês. Terezinha!* – informou José.

Terezinha, que estava atenta à conversa, espantou-se.

– *Eu?!*

– *Sim! Você perdoou, quis ajudar os agressores, recebeu por filho seu carrasco do passado* – José elucidou.

– *Eu amo Marcelo!* – Terezinha se emocionou.

– *Sim, eu sei. Que exemplo!* – José sorriu.

– *Você!* – Manoel também se emocionou. – *Terezinha, você foi uma de nossas vítimas! Meu Deus! Fizemos e recebemos! Você, José, está me fazendo entender que, como Marcelo, Ariovaldo irá receber de volta o que fez?*

– *Sim!* – José reforçou sua afirmativa. – *Você conseguiu ver, em Ariovaldo, as manchas escuras que ele tem no perispírito? Essas manchas só são limpas com sofrimento, a não ser que resolvesse mudar e fizesse muito o bem.*

– *O bem que fala é caridade?* – Manoel quis saber.

– *Sim* – José foi lacônico.

– *Penso que ele irá sofrer!*

– *Por que sofrer junto? Já não sofreu o bastante?* – José queria esclarecê-lo.

– *Preciso pensar!*

– *Vamos deixá-lo agora, ficará aqui conosco para pensar* – decidiu Eulália.

O grupo, com Terezinha, afastou-se; ela ainda estava emocionada e nos contou:

– *Por umas duas vezes indaguei a Deus do porquê comigo. Não entendia, mas sentia ser justo, algo que precisaria passar com paciência e amor. Desencarnei um ano e seis meses antes de Manoel. Adoeci, meu corpo físico parou suas funções, e minha passagem para a vida espiritual foi tranquila. Fui socorrida; grata, me adaptei rapidamente ao Plano Espiritual. Vi Marcelo e fiquei contente por vê-lo bem. Quando Manoel desencarnou, tentei ajudá-lo, mas ele nem conseguia me ver. Em todas as minhas folgas, ia vê-lo; um dos companheiros dele que vagavam pelo cemitério me viu, falei a ele de Marcelo e pedi para levá-lo para vê-lo; pensava que Manoel, ao ver o filho, ia esquecer da vingança, mas isso não ocorreu. Fiquei preocupada quando ele veio atrás de Ariovaldo. Quero muito que ele entenda e aceite a ajuda de vocês. Agradeço-os e agora devo retornar ao meu trabalho. Sei, compreendo que é Manoel que tem de decidir. Se ele resolver continuar nessa obsessão, pedirei permissão para visitá-lo mais vezes e tentar auxiliá-lo. Tenho medo de que, com ele vagando, desencarnados maus o prendam para fazê-lo escravo. Ele corre esse risco, como todos os desencarnados que vagam. Se isso ocorrer, sofrerá mais, e por sua teimosia. Se ele aceitar o auxílio oferecido, deverá ir para um Posto de Socorro, onde também irei visitá-lo. Não somos afins, não ficaremos juntos. Como esposos, tivemos uma convivência, para mim, muito útil. Tornei-me paciente e tolerante. Nossa união foi um período difícil; embora eu me preocupe com ele, não temos nada em comum. Os senhores me entendem?*

– Com certeza – respondi – *você agiu com caridade com ele, fez o bem a quem lhe fez o mal. Teve uma oportunidade e aproveitou. Está agindo certo. Continue, seu trabalho é importante. Trabalha em um hospital onde ex-suicidas são abrigados, não é?*

– Sim, e gosto muito do que faço. Lá encontrei uma pessoa muito querida por mim, que por duas encarnações estivemos separados. Queremo-nos bem, ele também trabalha nesse hospital.

– Por que escolheu um hospital que atende aqueles que desencarnaram pelo suicídio para trabalhar? – Clara estava curiosa.

– Nas minhas duas últimas encarnações, esta e a anterior, passei por momentos difíceis, de sofrimento. Na anterior, jovem, com dezenove anos, de família pobre, trabalhava desde menina. Estava noiva, quando o filho do senhor daquelas terras em que morava me estuprou, me machucou bastante. O pai dele disse a todos que era eu quem estava atrás dele, seduzindo-o. Isto não era verdade. Então não me viram como vítima, mas como a volúvel; meu noivo terminou o noivado e meses depois casou-se com outra. Fui tratada na minha casa, lar, como a errada e passei a ser a empregada. Meu pai resolveu me educar me dando muito trabalho. Desencarnei por excesso de trabalho, maus-tratos, aos trinta e cinco anos. Logo após o estupro, me revoltei, sabia que não agira errado; depois entendi que seria pior se tivesse agido. Pelo menos sofria inocente. Perdoei meus familiares, o ex-noivo e os agressores. Somente agora vim a saber que Manoel e Marcelo foram essas pessoas que me fizeram tanto mal. Sinto-me em paz e fico contente porque de fato nos reconciliamos. Mas, respondendo à sua pergunta, Clara: tive muitas dificuldades nessas duas encarnações e nunca pensei em tirar meu espírito da vida física. Sempre tive muito dó de quem, precisando, sofrendo, se suicida. Orava, quando encarnada, e o continuo fazendo, todos os dias, às dezoito horas, para

as pessoas terem forças nas dificuldades e não se matarem. Quando fiz um estudo no Plano Espiritual, conheci hospitais para ex-suicidas, são muitos pelo mundo, pelo nosso país; quis servir num, fui aceita e estou tendo um aprendizado importante, tentando ser útil. Vou embora. Agradeço-os novamente.

Abraçamo-nos.

Manoel continuou no cômodo, não ficou mais preso, a porta estava aberta. Teve dias para pensar: escutou a leitura do Evangelho que Eulália faz todos os dias, ouviu boas músicas, conversou com outros abrigados e trabalhadores do centro e do posto e pensou muito. Na segunda-feira, foi levado para assistir os trabalhos, escutou emocionado a palestra, viu alguns encarnados, os passistas darem passes em outros encarnados e também viu o socorro de desencarnados enfermos e de outros que estavam como escravos. Prestou atenção no trabalho, após os passes, de orientação a desencarnados pela manifestação mediúnica. Calmo e agora mais equilibrado, ficou atento a tudo. José o convidou novamente para conversar com um encarnado. Aproximou-o de Gisela, uma médium. Ele cumprimentou, sentiu as boas energias e se sentiu melhor. Sueli, que estava doutrinando, conversou com ele.

– Como está passando?

Ao ouvir a indagação, ia se queixar, porém, sentindo o carinho da doutrinadora, respondeu, e Gisela fielmente repetiu:

– Nem sei! Penso que tenho de perdoar!

Sueli então falou a ele sobre o perdão, Manoel escutou. Ali, entre aquelas pessoas de energias boas, teve vontade de se melhorar. Resolveu:

– Perdoo e vou com eles!

Manoel foi levado para outro salão, pediram para ele esperar. Ali ficou observando o movimento, que é sempre muito em todas as segundas-feiras após esse trabalho de orientação a desencarnados. Quando terminou, José e eu fomos conversar com ele.

– Iremos levá-lo daqui a pouco para um posto de socorro onde você, Manoel, ficará abrigado. Lá terá tarefas, aprenderá muitas coisas.

– Irei ver Ariovaldo sofrer? – Manoel quis saber.

– Responda-me: se sentirá bem vendo-o sofrer? – perguntei.

– Não sei.

– Esqueça! – pedi. *– Por favor, esqueça sem apagar da memória o que aconteceu, mas tire isso do coração.*

– O senhor tem razão. Vou fazer isso. Deus os pague!

Manoel ficou olhando o movimento até ser levado para um posto de socorro situado na Zona Umbralina, mais ameno. Poderia sair do posto sem permissão, se quisesse, mas nesses locais de socorro, pela sua localização, isto se torna mais difícil. Depois, como todos os abrigados, teria muitas atividades que, com certeza, o fariam gostar do lugar.

Um aeróbus chegou, e muitos, com Manoel, foram levados.

3º CAPÍTULO

Quando nos reunimos para concluir esse caso, trocamos notícias. Foi José o primeiro a informar:

– *Manoel se enturmou no posto de socorro; Terezinha o tem, como planejara, visitado; ele pediu perdão a ela. Tem trabalhado, fazendo muito bem suas tarefas; faz cursos e tem se dedicado a ler e assistir palestras sobre o perdão.*

– *O perdão para ele teria sido uma prova?* – perguntou Urbano.

– *Se foi uma prova, Manoel foi reprovado!* – exclamou Clara.

Aproveitei para elucidar:

– *Um aluno aplicado que quer aproveitar os estudos todos os dias faz as lições, estuda e, no final, será aprovado sem precisar fazer uma tarefa maior ou uma matéria toda de uma só vez. Assim somos nós: se no dia a dia de nossa vivência, estando encarnados ou desencarnados, fazemos nossas lições, desculpando as ofensas, tendo bons pensamentos, aproveitando sempre para aprender, fazendo boas leituras e colocando em prática as coisas boas que aprendemos, e se agirmos assim normalmente, passaremos para a etapa seguinte sem passar por grandes provas. No caso, o que estamos comentando é o perdão. Desculpando sempre, entendendo a atitude dos outros, tudo fica bem. Quando negligenciamos as lições pequenas pode nos ser apresentado tudo de uma só vez. Vamos focar no caso de Manoel: se o perdão para ele fosse uma prova, que grande prova teria sido, porque no dia a dia não teria estudado, não teria praticado a lição da desculpa, do perdão. Quando isso ocorre, o espírito pede para fazer a prova que lhe falta para completar o estudo, a do perdão, e ele terá de receber algo dolorido, que lhe causará sofrimento, e perdoar. Não foi o caso de Manoel; tanto para ele como para Marcelo foi uma reação de erros cometidos. Você, Clara, tem razão: se fosse uma prova, ele seria reprovado. Se tivesse perdoado, teria aprendido muito. Para Manoel, foi difícil, ele terá de aprender; tomara que sejam apresentadas a ele provas do dia a dia. Se ele perdoar as pequenas coisas, não precisará ser provado numa causa maior.*

– *Ele agora perdoou* – opinou Urbano – *tardiamente, no meu entendimento. Tantas coisas ele perdeu por não perdoar! Neste mesmo caso, temos pessoas que agiram diferente. Terezinha, que já havia perdoado tanto Manoel como Marcelo, quis fazer o bem a quem lhe fez o mal. Se foi uma prova para ela, foi aprovada, e com louvor. Ela perdoou também o agressor do filho. Que exemplo! Ela é uma pessoa que não tem débito, mas crédito, e é feliz.*

– *De fato* – Eulália também deu sua opinião –, *Manoel foi quem perdeu, se fechou na sua dor esquecendo-se do resto, não participou da vida das filhas e netos. Sendo devedor de Terezinha, porque havia acobertado a violência que ela sofreu na encarnação anterior, a fez sofrer nessa outra. Até a espancou porque queria que ela se tornasse amarga, que não perdoasse. Por isso que Terezinha foi socorrida quando desencarnou e está bem.*

– O que você acha, José? Manoel ficará no posto de socorro? – Huberto quis saber.

– Acredito que sim. Ele foi levado para visitar as filhas e os netos, emocionou-se ao vê-los e percebeu que os amava. Também visitou Marcelo, que tem outro nome e que é um garoto esperto e estudioso. Percebeu que foi ele que perdeu tempo, a oportunidade de ter convivido com a família.

– Você foi vê-lo? – perguntou Huberto.

– Sim – contou José. *– Conversamos. Depois da troca de notícias, ele quis saber de Eulália, que, quando entrava no cômodo, cuidava muito bem dele, como ela faz com todos por aqui. Depois de alguns minutos, fiz a pergunta: "O que você sentiu quando obsediava?". Estávamos sentados num banco em frente a um pequeno jardim. Manoel se inquietou, mas respondeu: "Não sei. Será que devo falar? Outro dia, ao contar minha história a um companheiro abrigado aqui, me senti mal e comecei a ter raiva, tive de ser ajudado". Ele me olhou e bastou isto para se serenar. Então contou: "Sofri muito com a desencarnação do meu filho, revoltei-me e por anos alimentei meu ódio e sofrimento. Quando fui para perto de Ariovaldo, não sabia direito o que fazer nem como obsediar. Não quis perder tempo nem aprender porque teria, se fosse aprendiz no Umbral, de trabalhar para eles, e este trabalho se faz quase o tempo todo, como me foi explicado: agora sei que é isso mesmo o que ocorre; é fazer mal, prejudicar outras pessoas. Queria somente castigá-lo. Quando cheguei ao lar dele, vi que Ariovaldo não era feliz e que não pensava nos seus atos errados. Resolvi fazê-lo lembrar, percebi que poderia falar com ele quando seu corpo carnal*

dormia, fiz com que tivesse pesadelos. Entendi que teria de ter paciência e que não era tão fácil obsediar. O obsediado tem seu livre-arbítrio. Resolvi odiá-lo, como sempre fiz, e jogar nele este sentimento". "Como era seu dia a dia perto de Ariovaldo?", quis saber. "Muito confuso", respondeu Manoel. "Agora, ao pensar naqueles dias, sei que sofria, mas a ânsia de fazê-lo sofrer era maior. Aqui ainda durmo, mas, naquela época, dormia mais; depois de fazê-lo ter pesadelos, ia para outro quarto na casa dele, me deitava numa caminha e adormecia, sentia-me alimentado quando me aproximava deles quando almoçavam e jantavam. Agora sei que sugava as energias dos dois; prejudicava-os por isso, porém não queria somente prejudicá-lo, queria que ele sofresse, e muito. Não estava bem, mas isto não me importava. Só pensava: ele tem de sofrer! Tenho de fazê-lo sofrer!" Mudei de assunto e o fiz falar dos seus planos, Manoel quer se tornar um socorrista. Entusiasmados, sorrimos.

– Para mim, Manoel perdeu a oportunidade de conviver com a família. Tudo isto por não ter perdoado. Grande perda! – Clara suspirou. *– Agora quem perdeu mesmo foi o assassino! Que coisa! Está aí vivendo como se não tivesse feito nada de maldoso!*

– Não é assim, Clara – José elucidou-a. *– Lembre que Marcelo fez atos errados em sua outra vida e resgatou nessa. Por que ele? Manoel e até Terezinha indagaram tanto: Por que, entre tantos garotos, ele foi a vítima? Por que, de muitas pessoas num lugar, um atirador faz disparos e algumas são alvejadas e outras não? Somos atraídos para o que precisamos. Num socorro feito pela nossa equipe, a que trabalha neste centro espírita, num local onde houve um ataque em que vários tiros foram disparados, balas perdidas encontraram as pessoas certas que, por muitos motivos, teriam de passar por uma desencarnação dessa forma. Socorremos um garoto de doze anos, menino bom, bastou olhá-lo para entender que ele, na sua encarnação anterior, fora um assassino. Marcelo não foi escolhido por Ariovaldo*

Chico por acaso, foi atraído por ele porque Marcelo tinha uma colheita a ser feita. Isto não diminui nem justifica o ato maldoso de Chico. Se Marcelo não tivesse uma desencarnação assim, com certeza, por ele ter planejado voltar ao Plano Espiritual criança, seria também por uma morte violenta, um acidente talvez. Ter sofrido essa violência foi a lição que necessitava para se sentir quite com seus débitos. Perdoar foi muito bom para ele.

– Mas esse Ariovaldo... – Clara ainda continuava indignada.

– Por mais raiva – explicou José – *que Manoel sentisse por ele, era difícil fazê-lo lembrar da maldade que fizera. Ariovaldo Chico os repelia, não gosta de lembrar de seus atos errados. Por ele estar recordando, sentia-se irritado. Lembro-os que Manoel fazia somente seis meses que encontrara o assassino de seu filho. Talvez se essa obsessão continuasse, ele prejudicaria mais o obsediado. Terezinha quis ajudar o ex-esposo, não queria que, depois de tudo, de seu sofrimento, ele agisse errado. Todo obsessor age errado, terá o retorno e sofrerá as consequências das suas atitudes.*

– Se Chico desencarnar agora, sem se arrepender, o que será dele? – Clara quis saber. *– Será atraído para um lugar afim?*

– Com certeza – respondeu Urbano. *– Irá para o Umbral.*

– Como morador ou escravo? Ou irá para lá para sofrer? – Clara queria realmente saber.

– Penso – respondeu Eulália – *que, como muitos que temos visto, será escravo pelo menos nos primeiros anos. No Umbral, tudo pode acontecer. Às vezes um escravo pode se tornar morador e vice-versa. Espero, desejo, que Ariovaldo Chico se arrependa.*

– Quase sempre vemos no obsediado a vítima a ser socorrida. É a primeira vez que vejo um socorro para o obsessor – comentou Urbano.

– Não socorremos somente um – Eulália explicou. – Estendemos o socorro a todos os envolvidos numa trama, obsessivos necessitam de orientação e socorro. Porém é normalmente a

pessoa obsediada que pede ajuda. Neste caso foi pedida para o obsessor.

– O crime de Chico foi sexual. Ele terá de aprender a ser casto – comentou Clara.

– A castidade – opinou Huberto – *não é necessariamente abstenção, mas disciplina da sexualidade. Temos realmente a liberdade para cometer erros; se os cometemos, somos culpados e teremos a necessidade da pena, da penalidade. Pelo livre-arbítrio, tornamo-nos responsáveis por nossos atos. Podemos então nos harmonizar fazendo o bem ou nos desarmonizar ao cometer equívocos. Harmonizarmo-nos é bom, não fazê-lo é mau. Quando nos desarmonizamos, criamos um débito ou uma culpa. E essa culpa exige uma pena, um sofrimento. Isso para manter o equilíbrio. Quando caminhamos normalmente, oscilamos entre os dois extremos, fazendo o bem e o mal; devemos aprender a escolher somente o bem para não recebermos as consequências de atos errados. Quando entendemos que devemos, pelo nosso bem, paz e harmonia, fazer somente atos certos, não faremos mais nada de ruim. Porém os que ainda fazem o mal, é inevitável que recebam as consequências. E, se não houvesse penalidade, muitos aumentariam indefinidamente seus débitos. O sofrimento reação nos faz equilibrar, senão o desequilíbrio seria total. O bom é que esse sofrimento reação faz com que muitos se convertam e se voltem à necessidade de se tornarem seres melhores.*

Agradecemos a explicação de Huberto. Clara entendeu que Ariovaldo Chico não precisaria, como ninguém precisa, de uma intervenção externa, ou seja, uma perseguição, para receber a reação de ações erradas. A colheita é inevitável, a penalidade acompanha o equivocado. É a lei!

Contentes, nos despedimos e combinamos dia e hora para mais um trabalho. Nosso aprendizado estava em servir e não sermos servidos. Aleluia!

QUARTA HISTÓRIA

1º CAPÍTULO

Anny aguardava para ser atendida. O escritório estava localizado na área central da cidade, o local era simples, o elevador tão barulhento que da sala em que estava o escutava, estalava quando parava.

"Que decadência!", pensou Anny. "Como tudo mudou!"

Reparou na sala de espera. Cinco cadeiras estofadas de couríssimo preto; uma mesinha de centro com algumas revistas; no canto direito, em frente à janela, uma escrivaninha, onde uma moça atendia tanto o telefone como as pessoas. Ela atendeu Anny e depois saiu, foi ao corredor, onde ficou conversando animada com outra moça, secretária do escritório vizinho. O telefone tocou, e a moça foi atender.

– Bom dia! Escritório do empresário Douglas. Horário? Pode vir. Terá de esperar. O senhor Douglas está atendendo e depois tem algumas pessoas esperando. Tudo bem.

A secretária desligou, e Anny perguntou:

– Vai demorar? Estou esperando há trinta minutos.

– Se tiver algo para fazer, é melhor voltar depois. O senhor Douglas está com uma jovem. Costuma demorar – a moça riu. – Sabe como é, ele precisa saber se a moça tem talento.

Anny não comentou e aguardou.

"Este é o terceiro empresário que procuro este mês. Tenho escutado somente 'não'."

Minutos depois, a porta se abriu, e uma jovem muito arrumada, com perfume forte, rindo alto, saiu da outra sala e se dirigiu à moça que ali trabalhava:

– Querida, marque para mim às nove horas no dia vinte e dois. Terei uma nova entrevista. Tchauzinho!

Saiu, e Anny escutou o barulho do elevador. A secretária abriu a porta, entrou na outra sala e, três minutos depois, voltou e disse:

– Anny, por favor, pode entrar.

Sentindo o coração disparar, Anny entrou na sala. Observou o ambiente: um sofá grande, um móvel de bar com várias garrafas de bebidas e copos e, atrás da escrivaninha, um homem aparentando ter cinquenta anos, que somente levantou a cabeça para responder o cumprimento.

– Bom dia! O que deseja? Espero que seja breve. Estou com muito trabalho.

– Deve se lembrar de mim. Sou Anny. Já fiz muito sucesso. Estive afastada da mídia por motivos particulares, mas agora quero voltar a trabalhar.

Anny sentiu o olhar dele a examinando.

– O que você fez que teve sucesso?

Ela falou. O homem sorriu.

– Isso faz tempo. Você era jovem. Não me lembro. Fez mesmo sucesso?

Anny tirou da bolsa várias revistas e artigos.

O empresário pegou, olhou sem interesse.

– De fato é você. Mas faz tempo. O que quer?

– Trabalho – respondeu Anny.

– Sinto muito, não trabalho com velhos. Você, embora maquiada e bem vestida, é velha. Não tenho papéis de avós para desconhecidas. Existem muitas atrizes ainda famosas para estes papéis.

– Não me ofenda! Sou boa atriz. Estou querendo recomeçar.

O empresário a ofendeu. Anny se segurou para não chorar. Pegou as revistas, os artigos e os colocou na bolsa; levantou e saiu, não se despediu da secretária. Apertou o botão do elevador e enxugou as lágrimas.

Assim que ela saiu, o empresário se aborreceu: "Por que a tratei assim? Fui indelicado! Não deveria ter falado o que falei. Fui grosseiro! Que chato!".

Anny foi para o ponto de ônibus se esforçando para não chorar alto.

"Ultimamente é só o que faço: chorar!", pensou. Dois desencarnados riam. Estavam próximos a Anny. Eles a haviam acompanhado na entrevista, estavam satisfeitos com o resultado.

– Venha, Judi, vamos deixá-la, estamos muito contentes, e não quero transmitir a esse ser nojento minha alegria. Que vá para a casa sozinha! Que espetáculo! Como sempre, estivemos nos bastidores. Foi divertido!

– Está bem, Francis, vamos comemorar nossa vitória no bar!

Anny ficou no ponto de ônibus; logo o veículo passou, e ela entrou. Quieta, nem olhou para os lados. Desceu, caminhou três quarteirões, o bairro em que residia era simples, afastado do centro; respondeu alguns cumprimentos, entrou num prédio velho, necessitado de pintura, subiu quatro lances de escadas e entrou em seu apartamento, que era minúsculo, um cômodo e um banheiro. Neste cômodo estava uma cama de solteiro, um pequeno sofá, a televisão em cima de uma cadeira, uma pequena geladeira, um fogão de duas bocas e uma arara que servia para guardar suas roupas, ainda tinha muitas, a maioria fora de moda. Escolhera para a entrevista um bonito vestido com sapatos e bolsa combinando. Maquiou-se e fez um bonito penteado.

Sentou-se no sofá e chorou sentida, tanto pela tentativa frustrada como por ter sido ofendida.

Lembrou de seu trabalho como atriz. Fez sucesso. De repente, sem entender, os papéis foram ficando secundários, não conseguia mais os importantes. Esforçou-se, foi atrás, pediu e escutou desculpas. Depois as negativas. Adoeceu, ficou meses acamada e aí não conseguiu mais nenhum trabalho. Percebeu que não tinha amigos, as pessoas com quem convivia tinham somente interesses. Ninguém a ajudou. Sem trabalho e sem dinheiro, pois gastara muito, teve de mudar para um local mais simples e depois novamente, para onde estava, e procurar emprego. Estava ali havia três anos. Querendo melhorar financeiramente, procurou outros empregos, não conseguiu e resolveu voltar à carreira de atriz.

"Os empresários com quem trabalhei, que conheci, recusaram-se até a me receber. Não tenho mais a quem procurar. Velha! Talvez para atriz. Estou com quarenta e seis anos. Desisto!"

Minutos depois, trocou de roupa, vestiu um traje simples e foi para o trabalho. Trabalhava, para o seu sustento, num restaurante pequeno no bairro. Lá, fazia de tudo, servia mesas, limpava, ajudava na cozinha. Almoçava e jantava no emprego e recebia um pequeno ordenado, que dava somente para suas despesas: aluguel, água, luz e alguns remédios.

A maneira de viver naquele momento diferenciava-se muito de como vivera antes. Foi para o trabalho.

Os dois desencarnados, Judi, o Jurandir, e Francis, a Francisca, foram a um bar e lá ficaram perto de duas pessoas que tomavam bebidas alcoólicas e comiam petiscos, para sugar energias, e depois ficaram num canto conversando.

– *Vamos fazer com que Anny seja demitida!* – exclamou Francisca.

– *Já falei que não concordo* – Jurandir expressou com firmeza. – *Quero-a neste serviço simples, uma empregadinha.*

– *O que você não quer é que se prostitua. Tem ciúmes!* – Francisca gargalhou.

– *Odeio-a! Quero que aprenda trabalhando e não se divertindo!*

– *Pensando bem, você tem razão. Prostituir-se, para ela, não é castigo. Teve muitos amantes. É melhor que trabalhe! Lembrei-me agora do Leco. Vou visitá-lo.*

– *Você ainda o ama* – riu Jurandir.

– *Ele me trocou por ela, a Anny, me desprezou. Tenho todo o direito de castigá-lo.*

– *Como sempre, não vou com você. Leco é problema seu.*

– *Paixão não resolvida* – disse Francisca – *é tão perigosa quanto o ódio. Amei-o muito e sofri bastante. Tudo o que faço para prejudicá-lo é pouco.*

– *Você o perdoaria se ele lhe pedisse perdão?* – perguntou Jurandir.

– *Não sei! Ele é muito mulherengo, não somente zombou de mim, mas de muitas outras mulheres. No mês passado, tentei, esforcei-me para que ele se recordasse de mim, e ele o fez, mas sabe o que pensou?* – Francis não esperou pela resposta e continuou contando: – *"Aquela Francis era um grude! Acho que morreu. Pena, era bonitinha!" Miserável!*

– *Você deu muito dinheiro para ele!*

– *Passei necessidades para lhe dar dinheiro. Ingrato! Aproveitador! Estou com raiva e vou lá, à casa dele; neste horário deve estar acordando. Vou atormentá-lo.*

– *Fará o que puder* – riu Jurandir –, *você não consegue prejudicá-lo como deseja. Pena que não podemos fazer tudo o que temos vontade. Hoje até que foi fácil. Aproximei-me do empresário, fixei-me nele, e o boboca falou o que sugestionei.*

– *De fato foi fácil!* – riu Francis. – *Aquele homem vibra como nós: não reza, não tem bons pensamentos; ao contrário: está sempre querendo tirar algo dos outros. É um vigarista! Se fosse uma pessoa honesta, boa, não iríamos conseguir, iria repelir nossas sugestões. Embora Leco seja bandido, mau-caráter, pouco consigo atingi-lo porque ele é autoritário, não gosta de receber ordens, repele sugestões tanto de encarnados quanto de desencarnados. Julga-se autossuficiente. É mais forte do que eu. Não aceita minha vingança. Ao contrário de Anny, que pensa que cometeu atos errados. A culpa é porta aberta para o castigo. Mas tudo muda, esperarei Leco vacilar, aí terei oportunidade.*

– *Vá atormentar Leco, vou ficar mais um pouco por aí e depois passear, vagar pelo bairro* – decidiu Jurandir.

– *Com certeza irá ver Anny. Confesse: você ainda a ama.*

– *Claro que não! Odeio-a! Por isso estou me vingando.*

– *Estou indo. Nós nos encontraremos à noite no mesmo lugar. Tchau!*

Francisca saiu e Jurandir ficou pensando:

"Pode ser que Francis tenha razão. Será que a amo ainda? Não! Isso é um absurdo! Tenho de odiá-la! Tenho! Ela me fez tanto mal."

Lembranças vieram à mente. A imagem de Anny jovem, linda, se dirigindo a ele com um sorriso: "Judi querido, faça isso para mim, por favor"."*Eu fazia*", pensou Jurandir. "*Fazia tudo o que Anny me pedia: limpava seu apartamento, lavava suas roupas, fazia comida, até fingir ser seu motorista e levá-la a lugares para ostentar. Esperava e a levava junto a amigas para casa. Normalmente ela estava embriagada. Mesmo a vendo me trair, ter encontros com outros homens, perdoava e acreditava que me amava. Amei-a muito! Gostava de vê-la atuando nas peças de teatro: ela no palco, e eu nos bastidores, sempre atrás dela. Este amor se transformou em ódio. Tudo o que faço é merecido! Por que estou infeliz? Fiz com que passasse hoje um vexame. Foi muito ofendida. Anny não tem mais nada. Trabalha para sobreviver num bar simples. Já a fiz muitas vezes chorar. Penso que foram tantas quantas eu chorei. Fui infeliz e continuo sendo. Nada me dá alegria. Se achei bom, vi o que ocorreu hoje de ruim com ela, já passou. Estou triste! Que vida chata! O que posso fazer para melhorar? Francis e eu nos aturamos. Não posso confiar nela, nem ela em mim. Francisca está sendo desagradável. Não me sinto bem perto dela."*

Jurandir saiu do bar, sentou-se num canto da calçada; na frente estava parado um carro e tentou ver seu reflexo na lataria.

"Estou muito feio, sinto. Por mais que tente aparentar estar bem, não estou. Meus cabelos estão ensebados; minhas unhas, frágeis; sinto-me envelhecido; desencarnei com aspecto doentio e piorei. Mas minha feiura, penso que é porque meus olhos estão ferozes, há raiva neles, minha expressão é a de uma pessoa infeliz. Não estou com vontade de fazer nada. Vou ficar aqui. Não quero ver nem Anny nem Francis."

Encolheu as pernas e ficou observando as pessoas que passavam por ali. Viu uma senhora encarnada passando apressada e, ao seu lado, um desencarnado atento tentando protegê-la. Observou outra mulher: estava com duas crianças e viu somente uma luz com elas.

"A luz deve ser um desencarnado bom!" Suspirou: *"Seres assim perdoam todos e tudo. Eles são felizes! Serão mesmo? Não sei!"*.

Continuou olhando, reparando nas pessoas que transitavam por ali.

"A maioria dos encarnados não tem companhia desencarnada. Os bons têm muito o que fazer. Se ficam perto de um encarnado é porque têm um motivo. Os maus, como eu e Francis, têm

também motivos para estar perto de encarnados, para vampirizar, perturbar, obsediar e vingar. Hoje estou chato, infeliz e aborrecido. Talvez esteja cansado. De que adianta infelicitar Anny? Continuo infeliz. Porém é isso: o que deve me importar é que ela sofre. É nisso que devo pensar."

Ficou ali até anoitecer.

Francis havia deixado Jurandir e volitado, fora a uma outra cidade, que era próxima e menor, dirigira-se a uma residência, uma chácara. O local era bem fechado, muros altos e com alarmes.

"Esse local é de difícil acesso a encarnados, mas não a desencarnados", riu ela.

Atenta, olhou a casa. Viu uma moça na piscina.

"Essa moça deve ser um caso novo. Bonita e jovem."

Aproximou-se com raiva da moça. Sentiu ciúmes.

– *Miserável! Fora daqui!*

A jovem arrepiou-se e exclamou:

– Nossa! Que sensação ruim! Xô! Estou ótima e vou curtir esta casa e piscina.

Francis se aborreceu mais ainda.

– Queridinha! Trouxe para você, uma bebida!

A desencarnada olhou com ódio para o homem que se aproximou com dois copos.

– *Ele está feio* – observou Francis –, *envelhecido, mas age como um garotão. Está bebendo menos. Que pena! A bebida iria adoecê-lo.*

Ficou por minutos os observando.

"Sinto por não poder prejudicá-lo como gostaria."

Entrou na casa. Viu três desencarnados que estavam ali a fim de vampirizar alguém que se drogasse, estavam atrás de tóxicos. Leco traficava, mas, como todos os grandes traficantes, não se drogava. Recebia, porém, pessoas que iam ali comprar drogas e às vezes as usavam lá mesmo, isto ocorria somente com alguns clientes dele, os selecionados. O que Francis havia conseguido com ele era que continuasse a aumentar esse comércio ilícito. Pensava que com a atitude errada dele iria ter o retorno que queria. Traficantes podem ser assassinados por outros, pela polícia ou ser presos.

"Tenho esperado demais!", pensou aborrecida.

Aproximou-se dos três desencarnados, sorriu e convidou:

– *Venham comigo! Darei a vocês o que querem!*

Os três a acompanharam até a piscina.

– *Aproximem-se deles e façam com que se droguem.*

– *Não adianta* – queixou-se um deles – *insistir com o Leco, ele não usa drogas.*

– *Mas a moça pode usar. Eles estão bebendo. Bebam junto! O álcool pode ajudá-los no momento.*

Francis se afastou um pouco, os três desencarnados ficaram com os dois. Leco não se sentia bem, mas continuou ao lado da garota.

"Está muito chato aqui." Francis estava insatisfeita. *"Estou cansada de esperar para me vingar como quero. Tenho conseguido muito pouco resultado. Leco é terrível! Como me foi aconselhado, terei de ter paciência, talvez minha vingança somente será possível numa próxima encarnação dele. Mas quero me vingar nesta! O que me consola é que ele está plantando a erva ruim, e a colheita chegará. Se conseguisse fazer com que a polícia o prendesse, seria ótimo. Mas ele tem aquele desencarnado terrível que o protege. Quando ele está aqui, saio logo, não consigo ficar, não posso com ele e o temo. O interesse desse desencarnado é que o tráfico se estenda. Com certeza, se o Leco ficar preso, ele se manda. Como o odeio! Sinto raiva em vê-lo todo meloso com essa moça! Ele me tratava no começo de nosso relacionamento assim. Será que ela irá sofrer quando Leco se cansar dela? Os três desencarnados viciados a estão tentando para que se drogue. Devo alertá-la? Eu, Francis, a terrível, fazer uma boa ação?"*

– *Não tentem a moça!* – gritou Francis para os três desencarnados.

– *Qual é a sua?* – respondeu um deles gritando também. – *Não amole! Estamos nos divertindo. Essa moça não é santinha. Nós a escutamos pensar. Está a fim de se dar bem, planeja pegar dinheiro do Leco. Ela usa drogas de vez em quando. O que você pensa que somos? Sabe bem que ninguém consegue fazer o outro usar drogas se a pessoa não estiver a fim. Ela irá se drogar e iremos vampirizá-la. Dê o fora!*

Francisca, aborrecida, volitou. Estava irada.

– *Judi ainda ama Anny. Eu não! Odeio Leco! O pouco que já o prejudiquei não me satisfaz. Quero-o arruinado! Louco! Destruído! Tenho de me vingar! Se estivesse encarnada, iria assassiná-lo. Também não seria fácil. Ele tem guardas que revistam todos que se aproximam dele. Somente anda em carros blindados e sai muito pouco de casa. Preciso pensar e fazer planos, ou esperar.*

Sem vontade de se encontrar com Jurandir, foi a uma festa no Umbral.

Leco não estava se sentindo bem. Consultou médicos e fez vários exames, que deram alterados, sendo aconselhado a fazer regime. Estava com um copo de bebida na mão, mas não a tomava. Isso o aborrecia, gostava muito de bebidas alcoólicas, mas nunca se embriagava, tinha de estar sempre sóbrio.

"Preciso ficar sempre alerta, sou um homem de negócios. Tenho imprevistos a serem resolvidos", era o que ele pensava.

Leco era egoísta, interesseiro, não amava ninguém nem se preocupava com os outros. Traficava e pensava que isso era seu trabalho. Não se importava com as consequências de seu ato, não obrigava ninguém a se drogar e não era problema dele o que o drogado fazia. Ele somente vendia. Para ele era trabalhoso comprar bem e vender bem. Não confiava em ninguém nem dormia sossegado. Estava sempre atento a um ataque de outros traficantes e à possibilidade de alguém traí-lo. Pagava bem seus empregados. Para ele, tudo o que fazia era realmente trabalhoso. Mas compensava, achava justo aproveitar a vida. Nem passava pela sua mente que agia errado. Por isso estava difícil Francisca obsediá-lo. Ele não aceitava. Ela, porém, estava atenta, aguardando a oportunidade, o consolo era que estava dando certo com Anny.

Anny estava cansada, suas pernas e costas doíam. Esforçava-se para sorrir. Quando o último cliente saiu do almoço, ela ajudou na limpeza; com tudo limpo, foi à cozinha; logo, uns clientes que sairiam do trabalho viriam para tomar alguma bebida e comer petiscos. Aguardava com ansiedade o horário de ir para o seu apartamento.

"Preciso fazer alguma coisa", pensou ela. "Este serviço é muito puxado, está me cansando muito. Já pensei, pensei e não encontro solução para as dificuldades pelas quais estou passando. Se não tivesse morrido, talvez Judi me ajudasse. 'Talvez', porque ele morreu me odiando. Será que o prejudiquei tanto assim? Eu gostava dele, mas ele me amava com paixão. Não sei por que lembro-me dele. Chega de pensar no passado. O meu presente é ruim e o pior é que não vejo como melhorá-lo."

No outro dia, Jurandir e Francisca se encontraram. Ela se queixou ao amigo:

– *Não consigo atingir Leco. Faço tão pouco e meu ódio aumenta. Não sei o que fazer.*

– *Francis, vingar-se é trabalhoso. Você precisa ir mais à casa dele. Veja se ele tem algum empregado que possa traí-lo.*

– *Você que é bom nisso. Venha comigo. Ajude-me!*

– *E Anny?* – perguntou Jurandir.

– *Ora, ela está infeliz. O que fizemos com ela ontem será motivo de chorar a semana toda. Ficaremos atentos, se ela for procurar emprego, interferiremos.*

– *Francis, você está feliz?*

– Claro que não! Estou morta, feia e muito aborrecida. Porém estou infernando quem me fez assim. Vingo-me! Que pergunta boba. Está acontecendo algo estranho com você. O que é?

Jurandir preferiu não falar nada, somente comentou:

– Não tenho nada. E aí, quer mesmo minha ajuda?

– Quero. Vamos lá.

Volitaram. Novamente na mansão de Leco, os dois observaram tudo atentos.

– O Grandão não está aqui – Francisca suspirou aliviada.

Ela se referia assim ao desencarnado que estava sempre com Leco incentivando o tráfico e que, da maneira dele, o protegia nas atividades de traficar sem se importar com seus problemas particulares, ele sabia que Francis o visitava e que o odiava. Os dois, principalmente Jurandir, prestavam atenção em todos os detalhes. Viram que Leco estava no quarto com a garota. Jurandir, atento, aproximou-se de todos os encarnados que estavam ali a trabalho. Fez um sinal para a companheira para irem embora e volitaram.

No bar onde costumavam ir, conversaram.

– É o Sebastião! – afirmou Jurandir. *– Um dos seguranças da casa. Sondando-o, percebi que ele pode ser o traidor. Não podemos fazer nada enquanto ele estiver na casa e no domínio do Grandão. Mas podemos ir à casa dele e, lá, incentivá-lo a trair seu patrão. Será fácil. Ninguém protege Sebastião e ele não vibra bem.*

– Isso é fácil de deduzir. Para trabalhar com Leco tem de ser bandido. Uma pessoa honesta com certeza não se sujeitaria a um trabalho assim.

– Não deboche! Estou tentando ajudá-la e você ironiza?

– Desculpe-me! Quero, sim, sua ajuda. – Francis mudou o tom de voz e parou de rir.

– Vou com você à casa dele e farei a primeira abordagem. Depois, ensino a você, que passará a influenciá-lo. Faremos com

que ele traia Leco. É somente Sebastião entrar em contato com o rival de seu patrão, dizer quando e em que lugar ele receberá a mercadoria e, com certeza, esse outro traficante, os dois são inimigos, lhe preparará uma emboscada. Com certeza haverá tiroteio e quem sabe teremos a sorte de Leco desencarnar.

– *Não sei se quero isso* – Francis estava indecisa. – *Com certeza, se Leco desencarnar, o Grandão o levará para o Umbral, e logo ele será um morador da Zona Umbralina, e eu não poderei com ele. Planejo arrasar com ele encarnado.*

– *Vamos nos concentrar então na possibilidade de ele perder dinheiro; se isso ocorrer, Leco perderá prestígio e poder. Será infeliz!* – concluiu Jurandir.

– *Isso sim! Sebastião sai do trabalho às dezoito horas. Vamos esperá-lo no caminho. Nós o seguiremos e aí saberemos onde mora e o visitaremos.*

Francisca e Jurandir fizeram o planejado. Sebastião morava num bairro simples, era casado, sua esposa trabalhava fazendo faxinas, tinha três filhos pequenos, e sua sogra morava com eles.

Jurandir aproximou-se de Sebastião, concentrou-se e tentou fazer com que ele pensasse no que ele sugeria.

– *Sebastião, você merece uma vida melhor e seus filhos também. Trabalha muito e ganha pouco. Se não fosse você, Leco não seria o que é. Ganharia dinheiro fácil se contasse ao inimigo dele alguns segredos.*

"É perigoso trair! Não se brinca com os poderosos. Traição é sinônimo de morte!", pensou Sebastião.

– *Não se fizer bem-feito!* – insistiu Jurandir. – *É só planejar bem. Entre em contato com o outro traficante, receba o dinheiro, dê as informações e, ao acontecer isso, sua família estará longe daqui. Escolha uma cidade em outro estado para morar. Você, ao receber o dinheiro, com a promessa de outras delações, parte, some daqui dando umas voltas, indo a outras cidades e, meses depois, reúne a família e viverá bem.*

– Não sei! – Sebastião suspirou. – Que pensamentos estranhos estou tendo, não estou gostando!

– *Pronto!* – exclamou Jurandir. – *Viu, Francis, como é fácil? Nada como perceber a tendência de uma pessoa para incentivá-la. Sebastião é ambicioso e, como sempre acontece, acha que trabalha muito e ganha pouco. Continue agora você.*

Jurandir despediu-se e Francisca ficou. Ele foi para perto de Anny, esperou ela terminar seu turno e a acompanhou ao apartamento. Assim que Anny fechou a porta, sentou-se no sofá e chorou sentida. Ele a ficou observando.

– Que vida! Meu Deus! Como pode tudo mudar assim? – lamentou-se Anny.

"*Não sei por que não me alegro com o choro dela*", Jurandir estava aborrecido. "*Se isso ocorresse em outros tempos, quando eu estava encarnado, correria para consolá-la com beijos e abraços. Fiz isso tantas vezes. Naquela época, quase todas as vezes que ela chorou perto de mim, era fingido. Anny me enganava com suas lágrimas falsas. Agora é real, ela sofre e não me alegro como pensei que o faria.*"

Resolveu sair. Sentou-se na calçada.

"*A dor hoje está mais forte!*", lamentou Jurandir. "*Noto que quando fico triste ela dói mais. E tenho estado mais triste. Também, por que me alegrar? Ou alegrar com o quê? Sei que a dor que senti era do corpo físico, tento me conscientizar que não tenho o corpo de carne e que não tenho por que sentir dor, mas sinto. Como também tenho sede, fome, frio e me sinto sujo. Muitos desencarnados aprendem a se livrar desses incômodos. Dizem que encarnados que fazem o bem, quando desencarnam, vão para lugares bons e aprendem a se livrar dos reflexos do corpo de carne. Os espíritos maus ensinam também, mas eles não fazem nada de graça, e eu não estou a fim de trabalhar com ou para eles. De fato, não estou bem, sou um trapo, e tudo por culpa de Anny, por isso tenho de me vingar. Não cuidei de mim, não me alimentava direito, fiquei depressivo e não me tratei, não me importei quando meu estômago começou a doer. Resultado: desencarnei após uma forte gripe e pneumonia; quando me encontraram desmaiado na escada do prédio em que morava, me levaram para o hospital e desencarnei dois dias depois. Vou caminhar.*

Andou pelo bairro sem prestar atenção em nada, estava se sentindo muito infeliz.

Francisca se entusiasmou no começo com o plano de Jurandir. Ficou na casa de Sebastião o incentivando a trair Leco. Quando Sebastião adormeceu, tentou ser simpática, afastou seu espírito do corpo físico adormecido e conversou com ele.

– *Sebastião, esta é uma oportunidade de melhorar sua vida e a da sua família. Venda informações para o chefão do morro!*

– Serei um traidor! – exclamou Sebastião.

– *Não! Estará somente garantindo o sustento de sua família.*

Francisca argumentou por minutos e recomendou que ele não pensasse nesse assunto quando estivesse no trabalho, na casa de Leco. Sebastião acordou, pensou muito na possibilidade de vender informações e pensou:

"Devo agir normalmente no trabalho, lá não devo pensar neste assunto. É perigoso!"

Francisca resolveu ficar ali, naquela casa, sentiu-se bem entre aquelas pessoas, não foi à mansão do seu desafeto, teve medo de o Grandão perceber, desconfiar de seus planos. Quando Sebastião chegou à noite, a família o esperava para jantar. A mãe da esposa dele comentou:

– Esta noite sonhei com minha mãe. Vi minha mãezinha que morreu há dezoito anos, aqui na sala, ela usava um vestido que gostava muito. Mamãe me abraçou e me disse: "*Preste atenção! Cuidado com traição! O trabalho de Sebastião é perigoso.*

Se ele não conseguir se demitir, que fique atento. Traição não!". Repetiu três vezes a última frase. Abraçou-me, acordei assustada e me lembrei de Cida, todos nós sabemos o que aconteceu. O irmão dela delatou, traiu um bandido, então o mataram, assim como o filho que estava junto, o garoto tinha dez anos. Sabemos que delatores, traidores não ficam sem castigo para servir de exemplo, são procurados e normalmente são encontrados, às vezes torturados e mortos, pior que quase sempre a família é alvo de castigo.

– Mamãe, por favor! Não vamos falar de assuntos tristes nas refeições – pediu a esposa de Sebastião.

– Traição é sempre perigoso! – exclamou o dono da casa e ficou pensativo.

Francisca também ficou pensativa. Olhou para as crianças, elas eram educadas, bonitas e alegres, não mereciam receber castigo pelo erro do pai nem ficar sem o ordenado dele, que era seu sustento. A esposa era trabalhadeira, mas com certeza não iria sustentar aquele lar sozinha, passariam por necessidades. E, também, ela amava o marido. A sogra, embora idosa, cuidava das crianças, da casa, para a filha trabalhar.

– *O que estou fazendo?!* – Francisca indignou-se.

Saiu furiosa, foi ao bar atrás de Jurandir e, ao vê-lo, gritou:

– *Miserável! Maldoso!*

Xingou-o. Por segundos, Jurandir escutou calado, estava surpreso e não entendeu o porquê de ela estar furiosa; pegou-a pelos braços e a sacudiu.

– *Calma! O que aconteceu?*

Francisca calou-se por um instante, soltou-se, acalmou-se, foi para um canto do bar, e Jurandir a acompanhou. No bar, estavam alguns desencarnados que acompanhavam encarnados para vampirizá-los, tentando-os para se embriagarem para usufruir das sensações dos vivos no corpo físico. Eles pararam, calaram-se e ficaram atentos aos gritos de Francisca.

– O espetáculo acabou! Continuem o que estavam fazendo – gritou Francisca e olhou para o agredido, dizendo em tom baixo se desculpando: – *Pirei*!

– Desconta em mim? Será que estamos sempre descontando em alguém? Não faça mais isso! O que aconteceu?

– Arrependi-me de ter seguido sua sugestão. Fiquei no lar de Sebastião. Havia me esquecido o que é ter um lar. A sogra dele, a esposa e os filhos são pessoas boas. Com certeza Sebastião iria trair, e sem remorso, porém teme pela família, ele os ama. Não posso me vingar agindo assim. Prejudicando inocentes!

– O fim justifica os meios! Lembro-a de que não somos assim tão importantes nem eficientes, não podemos tudo ou com todos. Se Sebastião não fosse ambicioso, não se sentisse injustiçado, não cultivasse a inveja, não aceitaria nossa sugestão nem pensaria em trair.

– Sei disso, como também sei que ele o poderá fazer sem incentivo, mas não quero ter essa culpa. Pedi para três desencarnados vampirizarem a garota que está no momento com Leco. Ela usa drogas de vez em quando; os três, aflitos para se drogarem, irão atormentá-la para usar e eles se drogarem junto. Se eles conseguirem, usufruirão das sensações que o tóxico lhes proporciona. Arrependi-me, ela de fato está se drogando mais e logo aquele homem a colocará para fora da mansão. A mocinha não usaria tantas drogas se aqueles três não a perturbassem. O que será dela? Com certeza passará por muitas dificuldades. Não quero que nada de mal aconteça com a família de Sebastião. Leco poderá matá-lo ou, pior, assassinar as crianças ou sequestrá-las, maltratá-las. Se isso ocorrer, sentirei remorso, já estou sentindo.

– E me culpa? Dei a ideia. Você fez porque quis, não a forcei e a lembro: se alguém está fazendo o que sugeriu é porque se afinou, aceitou a ideia.

– *Desculpe-me, me excedi. O que faço agora?* – perguntou Francisca.

– *Não deveria nunca mais ajudá-la nem falar com você. Mas já que me pediu: deixe Sebastião. Esqueça dele. Continue, como antes, visitando Leco e tentando atormentá-lo. Espere uma oportunidade, quem age errado abre uma brecha para ser obsediado. É só ter calma, paciência.*

Francisca balançou os ombros. Estava aborrecida, saiu do bar, ficou na rua.

– *Não posso fazer maldades a quem não tem nada com isso para me vingar. Somente Leco merece meu ódio. Minha vida encarnada não foi fácil. Será que quando estava no corpo físico sofri uma obsessão? Algum desencarnado me prejudicou? Fui vítima? Meu pai era muito ruim. Será que alguém se vingou dele me prejudicando? Se alguém fez isso, me maltratou, papai não sentiu. Nunca se importou comigo. Não vou abandonar a família de Sebastião. Vou voltar à casa dele, afastarei seu espírito, enquanto estiver dormindo, do corpo físico e pedirei a ele para não trair. Passarei medo nele. Vou pedir para a mãe da sogra, talvez esse espírito esteja lá, não consigo vê-la porque ela deve ser boa, rogarei a ela para proteger a família. Depois não voltarei mais lá. Seguirei o conselho de Jurandir, esperarei uma oportunidade, porém somente prejudicarei Leco.*

Fez o que planejara. Sebastião estava entusiasmado com a possibilidade de ficar rico. Porém temia, sabia que poucos traidores não haviam sido castigados e, depois, não eram aceitos mais em grupo nenhum, recebiam até o desprezo de quem pagou pela traição.

Por cinco noites, Francisca o visitou e pediu para não trair. Sebastião desistiu. Porém ela entendera que plantara na mente dele uma possibilidade, e ele poderia voltar a planejar e fazer uma delação, mesmo colocando a família em risco.

Visitou Leco, sentiu-se enjoada ao vê-lo vestido e agindo como se fosse jovem. Inquieta, não se sentindo bem, foi para o apartamento de Anny.

– *Estou infeliz!* – exclamou aborrecida.

Jurandir também estava insatisfeito e sentindo muitas dores. Resolveu somente vigiar Anny e não deixar nenhum homem se aproximar dela com intenção amorosa.

– *Anny tem de ficar sozinha!* – determinou.

2º CAPÍTULO

Estando Francisca empenhada em prejudicar Leco e ficando com Sebastião, ficou uns dias sem se aproximar de Anny. Jurandir também se afastou, estava se sentindo infeliz e, confiando que seu desafeto estava arrasado, sofrendo, achou que poderia se afastar dele. Anny, sem a aproximação dos dois, sentiu-se melhor tanto fisicamente como mentalmente.

Anny, ao sair do trabalho, como fazia quase todos os dias, pegava restos de alimentos, que o proprietário dava para os funcionários, e os levava para uma senhora, dona Geralda, que era sua vizinha e morava com três netos, filhos de sua filha, que foi embora para outra cidade. Esta senhora tinha, para sobreviver, somente sua aposentadoria. Naquela noite, Geralda pegou a travessa, agradeceu e perguntou:

– Anny, você reza?

– Eu? Não! Há tempos que não oro – respondeu Anny.

– Hoje estou muito triste, é aniversário de minha filha – contou Geralda.

– A senhora sabe dela?

– Faz dois meses que recebi uma carta dela depois de seis meses sem dar notícias. Ela escreveu que está trabalhando numa boate e que está com o namorado. Escrevi para ela, para o endereço do remetente; meu neto mais velho também escreveu, os outros dois fizeram desenhos. Não obtive resposta. Ela nunca manda dinheiro. Minha filha não tem juízo. Meus netos têm pais diferentes, somente o mais velho conhece o pai, que de vez em quando nos visita e traz alguma coisa para o menino. As crianças agora estão dormindo. Gostaria de ir à igreja, que está aberta até a meia-noite, porque pessoas que fazem parte de um grupo de oração estão em vigília. Noto que você está sempre triste e sozinha. Não quer ir comigo? Não quero ir sozinha.

– Vamos – Anny sentiu vontade de ir.

Porém o fez mais para acompanhar a vizinha. Ao chegar na igreja, entretanto, sentiu paz, uma sensação que há tempos não sentia. O local estava tranquilo, com muitas velas acesas e várias pessoas orando. Geralda a puxou e foram para um altar na lateral direita, onde estava uma imagem de Nossa Senhora do Rosário. Ajoelharam-se. Anny se emocionou, começou a orar. Depois de três ave-marias, começou a chorar e rogou:

"Mãezinha do Céu, me ajude! Por Deus, me socorra! Sou uma pecadora, fiz maldades, mas agora estou sofrendo. Aos seus pés, arrependo-me. Peço perdão! Rogo para Deus me perdoar."

Em lances rápidos, vieram à mente os erros que cometeu.

"Perdão! Perdão! Ajude-me! Nossa Senhora, tenha dó de mim!"

Sua rogativa foi sincera. Geralda também orou pedindo para a filha, rogou saúde para criar os netos e proteção para eles.

Ficaram trinta minutos orando. E orações sinceras não ficam sem resposta.

Depois de algumas discussões, Francisca e Jurandir resolveram continuar juntos nas suas obsessões, nos planos que tinham de vingança. Porém Francisca decidira que não prejudicaria mais ninguém para se vingar. Decidiram isso no bar e resolveram ir ao apartamento de Anny para atormentá-la um pouco.

Surpresos, viram seu desafeto tranquilo, o pequeno apartamento limpo e com energias diferentes.

– *O que está acontecendo?* – Jurandir se assustou.

– *Você relaxou* – concluiu Francisca –, *aí está o resultado. Anny deve ter comprado essa imagem de Nossa Senhora, acendeu uma vela. Este fluido é de oração! Ela deve ter orado.*

De repente, sem eles entenderem, sentiram-se tontear e foram parar em outro local.

Quando se ora com fé, com sinceridade no que se pede, este pedido, sendo para o bem de alguém ou de seu próprio, chega a equipes desencarnadas que trabalham com auxílio; estes rogos são analisados e normalmente outras equipes são adicionadas para atender.

Legião de Maria! São inúmeros os trabalhadores do bem desencarnados pelo mundo todo que atendem, socorrem, em nome de Nossa Senhora, a mãe de Jesus. Em locais de orações sempre tem bondosos servidores que tentam ajudar.

Quando as duas oraram, Geralda e Anny, dois espíritos ali presentes anotaram os pedidos, e um deles, logo em seguida, foi ao lar de Geralda, deu energias boas às crianças, depois foi até a filha dela, encontrou a moça num ambiente ruim, de energias confusas, mas, mesmo assim, tentou fazê-la lembrar da mãe e dos filhos; ela se lembrou e prometeu a si mesma que no outro dia iria escrever e mandar algum dinheiro. Realmente cumpriu o que prometera.

O pedido da Anny foi para o departamento de ajuda na colônia; analisado, foi aprovado e designado a uma equipe que trabalha com desobsessão para atendê-la.

Assim, Francisca e Jurandir foram levados para um centro espírita e despertaram numa sala; estavam imobilizados, isto para que ficassem e conversassem.

Olharam um para o outro, estavam assustados.

– *Onde estamos? Não consigo me mexer* – disse Jurandir.

– *Não conheço este local. Estamos presos!* – exclamou Francisca.

– *Quem nos prendeu? Serão moradores do Umbral? O Grandão?*

– *Com certeza, não* – Francisca suspirou. – *Desencarnados do Umbral não agem assim. Eles aprisionam com maldade. Aqui é diferente, está limpo, o lugar é simples, sem enfeites, as cadeiras são confortáveis. Vou gritar: "Oi! Alguém, venha aqui! Estão me escutando? Soltem-nos!".*

– *Pare!* – pediu Jurandir. – *É melhor nos concentrarmos e tentarmos nos soltar. Gritar não adianta.*

Calaram-se por um instante. Não escutaram nenhuma resposta ou barulho.

– *Será que fomos esquecidos aqui? Estou nervosa!* – Francisca estava aflita e com medo.

Jurandir não respondeu e tentou se mexer. Não conseguiu, nada o prendia na cadeira, estava sentado com os pés juntos encostados no chão e com as mãos nos joelhos.

– *Será que foram os desencarnados bons que nos prenderam?* – perguntou Jurandir.

– *Os espíritos bons?! Por que eles iriam se interessar por nós?* – Francisca se preocupou.

– *Interessarem-se por nós, não* – Jurandir tentava entender o que poderia estar acontecendo –, *mas e se Anny pediu ajuda?*

Se ela foi atendida, vieram ajudá-la, e o auxílio é afastar dela o que a prejudica: no caso, nós dois. Ela orou.

– Não estou gostando disto!

Calaram-se. Mesmo tentando repelir os pensamentos, não conseguiram. Atos que haviam cometido de errado foram a suas mentes.

– Não quero pensar nisto! Não quero! Judi, estou pensando no que fiz que pode não ter sido bom – Francisca esforçava-se para não chorar.

– Eu também estou me sentindo assim, estranho, estou me lembrando do que fiz de errado. É melhor me expressar direito, Francis: não são atos que não foram bons, são os maus mesmo. Recordei-me até do chute que dei no cachorro de minha avó. Sinto-me incomodado com o choro de Anny. Será o local? Estou sentindo que errei.

Uma porta se abriu. Foi então que os dois perceberam que havia uma porta no canto direito da sala. Entraram cinco desencarnados vestidos com simplicidade e todos muito limpos. Francisca notou este detalhe, ela sempre se esforçava para ficar limpa.

Tranquilamente, os cinco entraram, sentaram-se em frente a uma mesa. Apresentaram-se:

– Sou Eulália! Que bom que estejam aqui conosco!

– Urbano. Estou aqui para ajudá-los!

– Chamo-me Huberto.

– Meu nome é José, essa é nossa amiga Clara. Nós os trouxemos para cá para conversar. Já nos apresentamos; por favor, façam o mesmo.

– Pois eu não tenho prazer em conhecê-los e não me interessa saber quem são. Por que estou aqui? – perguntou Jurandir.

– Para conversar – respondeu Clara.

– Fomos trazidos à força. Vocês são sempre assim, gentis? Para conversar, sequestram? – Jurandir foi irônico.

– *Judi, é melhor conversar educadamente como eles estão fazendo* – Francisca pediu ao companheiro falando em tom baixo. – *Se nos prenderam sem a gente sentir, é porque são fortes e poderosos. Talvez possamos enganá-los e nos safar* – levantou a cabeça, olhou para os cinco e falou alto: – *Sou Francisca, a Francis. Não sei se posso dizer "prazer em conhecê-los" porque não sei o que querem e por que estou aqui.*

– *Francisca, filha de Luzia, neta de Maria. Passou a infância numa cidade pequena* – José falou compassadamente.

O socorrista foi falando da infância dela e Francisca foi lembrando. Cenas vieram à sua mente de repente; além de lembrar, Francisca foi falando.

– *Meu pai desencarnou quando eu estava com dez anos. Mamãe foi morar com minha avó materna, foram as duas que me criaram. Embora tenham se sacrificado para fazer minhas vontades, eu queria sempre mais. Entendo agora que elas se privavam para me dar o que queria; para mim, naquela época, era obrigação delas. Era bonita e, desde pequena, sonhava com uma vida melhor. Foi na adolescência que percebi que poderia melhorar de vida com minha beleza. Não gostava de estudar, mas, sim, de ir à escola; comprava revistas que tinham reportagens de artistas e sonhava em ser uma. Estava com dezessete anos e, por repetir séries, ainda estudava, fazia o ginasial; li uma reportagem sobre um concurso em que garotas se inscreviam para ser modelo. Inscrevi-me pelo correio, mandei fotos minhas e recebi a resposta de que me apresentasse, que fora aceita para o concurso. Planejei ir e não contei a ninguém. Peguei todo o dinheiro que vovó e mamãe guardavam, bem como as joias delas, arrumei uma mala com as minhas melhores roupas e saí de casa. Para elas não se preocuparem tanto, escrevi uma carta informando que arrumara um emprego e que, assim que fosse possível, mandaria notícias, para elas se conformarem porque estava indo fazer o que queria. Para despistar, não queria que elas me encontrassem e atrapalhassem meus planos: peguei o ônibus para uma cidade; desta, para outra; e somente depois, para meu destino, a cidade grande do concurso. Hospedei-me num pequeno hotel e, com entusiasmo, participei do concurso; no preparo, aprendi a desfilar, foram muitos treinos e ganhei. Passei a fazer fotos, desfilar e receber um ordenado. Fui morar com outras garotas e entre elas estava Anny. A vida não era fácil, e todas nós, morávamos cinco no apartamento, tivemos de fazer programas com empresários, trabalhar muito e com pouco resultado. Foi depois de um ano e dois meses que resolvi escrever para mamãe e vovó. Dei um endereço falso e escrevi isso na carta para que elas não tivessem vontade de vir me visitar. O endereço era de um teatro, porque uma garota que morava comigo trabalhava lá. Mamãe me respondeu contando que vovó tinha falecido. Pediu para escrever mais vezes dando notícias. Fiquei triste aquele dia. Isa, uma das garotas que morava comigo, tinha um teste para fazer e, no dia, ficou doente; ela me pediu para avisar e remarcar; fui, porém disse que ela desistira e não ia mais, então me ofereci para fazer o teste. Fui contratada para fazer um papel secundário numa peça de teatro.*

Francisca fez uma pausa. Sentindo vontade de continuar falando, continuou:

– *Foram quatro anos de trabalhos sem importância e então conheci Leco. Acreditei que ele era, ou estava, apaixonado por mim e que ia investir na minha carreira de atriz. Apaixonei-me pela primeira vez e fazia tudo o que ele queria. Já não me importava mais tanto com minha carreira, mas continuava trabalhando e dando dinheiro a ele. Surgiu para mim uma grande oportunidade, atuar numa peça importante no teatro. Entusiasmei-me, mas que desilusão! Quem ficou com o papel foi Anny, que ficou também com Leco. Anny fez sucesso e mudou, nos deixando, nós quatro, com dificuldades financeiras: duas passaram a se prostituir; a outra arrumou um emprego; e eu estava desesperada, sofrendo e não sabia o que fazer. Insisti com Leco, amava-o, ele me deu uma surra; tentei falar com Anny, ela não me recebeu, estava fazendo sucesso. Fiz um pouco de tudo, precisava me alimentar e ter onde morar, passei a fazer programas sexuais, trabalhei em boates. Resolvi escrever para mamãe, desta vez dei meu endereço, mas dois meses depois a carta voltou com a informação de que a pessoa havia falecido. Lembrei-me de uma amiga e do seu telefone; liguei para ela, que me contou que, depois que fugira, minha avó adoecera e, meses depois, falecera; que minha mãe ficara morando sozinha e, mais ou menos dois anos depois, a vizinha não a viu por três dias, preocupou-se e, com outros vizinhos, arrombou a porta, encontrando-a morta. Chorei muito. Passei a odiar Anny, ela me traíra duas vezes: conquistando Leco, passando a ser amante dele; e me roubando o papel na peça de teatro. Não consegui mais trabalho nenhum no teatro nem para desfilar. Vi o sucesso de Anny, e Leco trocar de amantes. Estava triste, amargurada e um dia, distraída, ao atravessar uma rua movimentada, fui atropelada e morri.*

Jurandir permaneceu calado escutando; Francisca levantou a cabeça e olhou para os cinco, que estavam sérios, tranquilos e a escutavam atentos.

– *Está bem!* – gritou Francisca. – *O que contei de fato ocorreu, mas também fiz coisas que não deveria: dei trabalho e preocupação à minha avó e mãe, era desobediente, respondia malcriadamente, exigia que me dessem roupas etc. Roubei-as para fugir. Não me preocupei com a aflição que sentiram ao fugir. Traí companheiras, fiz Isa adoecer colocando purgante em sua comida. Fiz trapaças, tive amantes. Uma vez, ao ser abandonada por um amante, escrevi uma carta anônima para a esposa dele, e o casal se separou. Quando não tinha emprego, fiz pequenos roubos e me droguei. Mas amei Leco e acredito que, se Anny não tivesse me traído, teria feito sucesso, e minha vida teria sido diferente.*

– *Você não foi flor que se cheire!* – Jurandir debochou.

– *Cale-se!* – ordenou Francisca. – *Você não tem moral para falar de mim.*

– *Senhora* – pediu Eulália –, *continue, por favor. Você foi atropelada, desencarnou e aí, o que aconteceu?*

– *Morri!* – zombou Francisca, mas depois, percebendo que ali não era lugar de zombaria, contou: – *Foi muito estranho. Levantei-me e me vi morta, caída no asfalto e me senti viva. Fiquei perto do corpo que usei para estar encarnada, fui junto para o hospital, mas não fui velada porque não encontraram ninguém para se responsabilizar por isso; duas companheiras de apartamento foram reconhecer meu corpo e disseram que eu não tinha parentes. Levaram meus restos mortais num caixão simples para o cemitério, vi de modo estranho enterrarem aquele corpo. Fiquei vagando no cemitério e foi lá que me enturmei com um grupo de arruaceiros e foi entre eles que entendi que estava vivendo desencarnada e que podia vampirizar encarnados prejudicando-os. Isto me interessou. Visitei Leco e depois Anny; me encontrei com Judi e resolvemos nos unir para dar uma correção em Anny e em Leco. Este passou a ser meu objetivo de vida.*

– *Sente-se bem agindo assim?* – perguntou Urbano. – *Está feliz?*

– *Não sei!* – respondeu Francisca. Olhou para os cinco e expressou: – *Não! Penso que não estou bem.*

– *O que fez para sua vida? O que fez a você?* – indagou Clara.

– *Como? O que fiz? Não sei.*

– *Ficou somente vivendo para outros em vez de fazer algo para você* – Urbano tentou fazer que ela entendesse.

– *Era meu objetivo, ou é: prejudicá-los.* – Francisca prestava atenção nas indagações e não se recusou a responder.

– *Fez algo a eles. Perguntei o que fez a você* – insistiu Urbano.

– *Fiquei contente por vê-los em dificuldades.*

– *Feliz?*

– *Penso que contente* – Francisca suspirou.

– *Alegria passageira?* – Urbano queria que ela definisse o que sentia.

– *Mas que coisa!* – Francisca demonstrou que começava a se irritar. – *É isso mesmo, uma alegria que passa logo! Estou sempre incomodada. É com a sujeira, estou sempre suja. Sinto dores, tenho fome, muitas vezes sinto frio. Frio de morta! Você está me enchendo. Por que estou aqui? Tenho o direito de saber. Foi por causa da Anny? Ela orou?*

– *Foi por um pedido de ajuda* – respondeu José.

– *Para ajudá-la vocês têm de nos afastar? É isto?* – Francisca indagou.

– *Se for por isso* – intrometeu-se Jurandir –, *é só dizer. Se não nos quer perto de Anny, não nos aproximamos mais. Podem nos soltar.*

– *Para ajudar realmente, tentamos auxiliar os envolvidos. Se vocês dois quiserem, poderemos auxiliá-los* – Eulália, sempre muito caridosa, queria orientar os dois, ajudá-los.

– *Não preciso de ajuda* – expressou Jurandir de modo rude.

– *Judi, não é melhor ouvir a oferta deles?* – Francisca questionou o companheiro.

– *Não seja imbecil! Que oferta eles podem nos fazer? Não entendeu ainda que estamos presos? Você não tem moral para julgar ninguém. Fez com Isa o que Anny fez a você. É uma peste! Traidora!*

Antes de os dois começarem a discutir, José interferiu:

– *Queremos propor a vocês que repensem suas atitudes. Por que não cuidar de vocês? Não querem estar bem, sem dores, em paz e tranquilos? Por que não compreender as outras pessoas, não amá-las como se amam?*

– *Amar?* – Jurandir riu alto. – *Quem falou que eu me amo? Eu me odeio! Odeio-me e odeio o próximo.*

– *Realmente* – disse José –, *se eu não me amar, não tenho como amar os outros. Devo me amar em tudo e tudo em mim. Se eu amar algo ou alguém em vez de mim, deixaria de me amar. Se Deus me ama como ama a todas as criaturas, que direito tenho de me desamar? Negar o que Deus afirma? Terei direito de desamar o que Deus ama?*

– *Você está dizendo que Deus me ama e que por isso devo me amar?* – Jurandir estava admirado.

– *Sim* – afirmou José –, *Deus nos ama e, se Deus o ama, por que você não pode se amar?*

– *Sou muito errado! Um pecador!* – Jurandir deu um longo suspiro.

– *Por que não quer se aceitar?* – perguntou Clara.

– *Não sei* – lembranças vieram à mente de Jurandir, e ele começou a falar de si. – *Fiz boas coisas, atos bons. Não fui mau filho, ajudei muito meu pai, nós dois éramos muito amigos, gostávamos muito um do outro. Ele desencarnou, eu sofri muito; minha mãe se casou novamente, não gostava do meu padrasto e saí de casa. Escrevia para mamãe de vez em quando, ela respondia, mas nunca me pediu para voltar. Trabalhei muito para me sustentar; adulto, arrumei emprego num teatro, de carregador, foi onde conheci Anny. Namoramos escondido. Entendi que ela não podia ser vista com um simples empregado. Perdoava suas traições. Anny me afirmava que eles, seus envolvimentos sexuais, serviam somente para ajudá-la em sua carreira e que me amava. Acreditava, sofria e esperava. Fui um brinquedo para ela. Aí ela encontrou um empresário que prometeu se casar com ela. Anny me dispensou, terminou nosso relacionamento, separou-se de mim; como não aceitei, ela fez com que fosse dispensado, não poderia mais entrar no teatro. Sofri muito. Não procurei outro emprego, estava desorientado, sentia dores no abdômen, não liguei, a dor maior era por ter sido desprezado.*

Numa tarde senti uma dor muito forte, uma fraqueza e desmaiei, um amigo me levou ao hospital. Tive uma pneumonia, uma infecção generalizada e desencarnei. O amigo que me levou não tinha dinheiro para o enterro, fui enterrado como indigente. Isto não me fez diferença, nem me importei, continuei sofrendo pela Anny e fui atraído para perto dela. Tempos depois entendi meu estado de desencarnado; Anny soube que morri, mas nem sentiu, estava com problemas, e o empresário havia se separado dela. Comecei a interferir em sua vida.

– *Passou a viver a vida dela em vez de cuidar da sua!* – disse José.

– *Penso que foi isto. Se tivesse cuidado da minha vida, o que teria me acontecido?*

– *Poderia ter ido em busca de auxílio. Ser levado para locais onde se vive com dignidade, estar sem dores, aprender a se nutrir, estudar, planejar sua vida. Ser um ser tranquilo e feliz* – respondeu José.

– *Se tivesse feito isso, estaria me amando, não é?* – perguntou Jurandir.

– *Sim. Amar é querer bem. Amando-nos, caminhamos para sermos felizes* – José o orientava com carinho.

– *Você sempre amou Anny* – opinou Francisca.

– *Infelizmente, sim* – disse Jurandir. – *Pensei que a odiava. Mas a amei mais do que a mim. Você, Francis, teve muitos envolvimentos amorosos, dispensou uns e foi dispensada por outros. Por que não se lembra deles? Porque amou Leco. Não é certo amar alguém mais do que a nós mesmos, não é?*

– *Não! Devemos nos amar para depois amar a outrem, porém nunca mais do que nós. Igual é o ideal* – comentou Urbano.

– *Como deixá-la ser feliz?!* – Jurandir expressou seu sofrimento.

– *Já não a fez sofrer muito?* – indagou Clara.

– *Se descuido, ela arruma alguém* – disse Jurandir.

– *Deixe-a, que essa mulher faça de sua vida o que deseja. Pense em você* – aconselhou Huberto, que até aquele momento estava calado, prestando atenção na conversa.

– *Estou pensando muito na minha avó e mãe* – contou Francisca.

– *O que gostaria de fazer se as visse?* – perguntou Clara.

– *Pedir perdão!* – Francisca deu um longo suspiro, estava sendo sincera.

– *Poderá fazê-lo!* – afirmou José.

A porta se abriu e entraram duas mulheres na sala.

– *Mãe! Vó!* – gritou Francisca e se levantou da cadeira.

Jurandir se mexeu e percebeu que não estava mais preso. As três se abraçaram. Francisca chorou.

– *Perdoem-me! Peço-lhes perdão!*

Foi beijada e perdoada.

– *Filha* – disse a mãe –, *você pediu perdão, nós a perdoamos. Por que não perdoar?*

Francisca pensou por um instante.

– *Necessito de perdão! Se não perdoar, não sou perdoada. E o que mais quero é o perdão das senhoras.*

– *Venha viver conosco. Quero cuidar de você!* – pediu a mãe.

– *Depois de tudo que lhes fiz, querem cuidar de mim?* – Francisca admirou-se.

– *Amamos você. Queremos que esteja bem* – a mãe acariciou-a.

A ex-obsessora chorou mais ainda. Ficou abraçada às duas, que a olhavam com amor. Ela pediu perdão novamente.

– *Sinto-me aliviada por ter sido perdoada. Perdão a todos! Um dia direi a Anny que a desculpei e pedirei perdão por tê-la obsediado. Perdoo Leco também. Posso ir com elas?* – Francisca se dirigiu aos cinco socorristas.

– *Pode!* – respondeu José. – *Vá com elas e seja, desta vez, obediente. Fique bem!*

– *Mamãe, vovó, será que não podem ajudar o Jurandir?*

– Francis, vá com sua avó e sua mãe – pediu Jurandir. – *Não se preocupe comigo. Tenho muito o que pensar. Talvez nos vejamos por aí. Seja feliz!*

Abraçaram-se. Francisca agradeceu novamente; esperançosa e alegre, foi com a mãe e a avó para um posto de socorro, onde seria abrigada.

Por uns dois minutos, todos na sala ficaram calados. Jurandir estava pensativo. Vieram em sua mente lembranças do passado.

"Amei meu pai, e ele a mim. Trabalhei bastante, foram muitas as vezes que ajudei colegas em suas tarefas. Por dias, quando o filho de Joseney estava doente, além de lhe emprestar dinheiro, ele não me pagar e eu não cobrar, escondi suas faltas e trabalhei dobrado, fiz as tarefas dele. Ajudei muitas vezes dona Iracema, a vendedora de balas..."

Lembrou-se dos bons atos que fez.

– Jurandir, você fez boas ações – José sorriu para ele com carinho.

– Escutaram meus pensamentos? Não sei por que pensei nisso, há tempos não me lembro desses fatos.

– Você disse que é um errado, mas não se recordou de maldades – disse Clara.

– Tenho agido errado com Anny – lastimou o que estava sendo orientado.

– E com você! – afirmou Urbano.

– Quando desencarnei, fiquei por uns tempos perturbado, iludido, pensando estar ainda encarnado. Fui atrás de Anny, foi então que percebi que meu corpo físico morrera. Aprendi com desencarnados que vagam pelos bares e por prestar atenção no que eles faziam ao vampirizar e fiquei perto de Anny para me vingar. Tempos depois, lembrei-me do meu pai e fui saber dele. Ele estava reencarnado, soube então que de fato existe a reencarnação. O espírito daquele que foi meu genitor estava vestindo outro corpo físico, era um garoto e estava bem. Compreendi

que não deveria ficar perto dele porque ele não me reconheceria, pois esquecera o passado, e eu, por não estar bem, poderia prejudicá-lo. Não queria fazer mal àquele que muito amei.

– Jurandir, gostaríamos de ajudá-lo, aceite nossa ajuda, fique conosco. Esqueça a vingança. Quando ferimos alguém, primeiro ferimos a nós mesmos – aconselhou José.

– Será que esse meu amor por Anny tem algo a ver com a reencarnação? – Jurandir levantou a cabeça ao perguntar, olhou para os socorristas.

– Pode ser. Quando você se sentir bem, poderá pedir para recordar suas vidas passadas – respondeu Eulália.

– Pensava que bastava desencarnar para saber do nosso passado. Não me lembro de nada – lamentou-se Jurandir.

– Essas lembranças, se espontâneas, ocorrem em raros casos – José queria esclarecê-lo. *– A maioria dos desencarnados não se recorda, alguns o fazem com auxílio e se têm motivos. É bom entender que o passado não tem importância, o que realmente importa é o que fazemos no presente. Francisca foi embora, venha conosco.*

– Penso que não aguento ficar sem Anny. Não quero que ela volte aos palcos nem fique com alguém – Jurandir estava sendo sincero.

– Você a prejudica – afirmou Clara.

– Sei disso. Vingo-me!

– Por que não tenta se afastar dela? Você precisa se amar – aconselhou Urbano.

– Não consigo viver sem ela. Odeio-a! Amo-a mais que a mim. Estou pensando agora que concentrei tudo, todos os meus atos, nela. Anulei-me. Entendo que essa atitude não é certa. Mas é o que sinto. Se for embora, com certeza voltarei – Jurandir chorou.

– Você será ajudado, fará um tratamento, irá estudar, fará tarefas, terá pessoas para conversar – José o animou.

Jurandir calou-se, ficou refletindo sobre o que escutou.

– *Não sentirei mais dor?* – quis saber.

– *Você se tornará sadio* – afirmou José.

– *Ficarei preso?*

– *Não está sendo obrigado a ir conosco. É livre para aceitar e ficar* – foi Urbano quem respondeu.

Clara aproximou-se dele, pegou em sua mão, saíram da sala.

3º CAPÍTULO

Clara levou Jurandir para a enfermaria do espaço espiritual do centro espírita que José e Eulália trabalhavam e voltou. Os cinco comentaram sobre a ajuda realizada.

– *Se Anny não tivesse pedido ajuda, essa obsessão continuaria? E até quando?* – perguntou Clara.

– *Lembro-a, Clara* – respondeu José –, *que todos nós temos o livre-arbítrio, obsessor e obsediado. Se você analisar as atitudes dos envolvidos, entenderá que Anny estava fazendo um ato de caridade auxiliando a vizinha quando foi chamada para orar. Ela poderia ter recusado, mas aceitou, orou com humildade, pediu perdão e ajuda. Os obsessores estavam sofrendo, tentamos orientá-los. O socorro veio no momento propício. Se não tivesse ocorrido agora, não posso responder quando seria. Anny pediria ajuda em outra ocasião? Os dois se sentiriam vingados? Não tenho como saber.*

– *Iria depender da vontade deles, não é?* – Clara realmente queria entender.

– *Nesta perseguição, sim* – José continuou elucidando. – *O livre-arbítrio, que nos foi dado por Deus, é uma faculdade do espírito, estejamos encarnados ou desencarnados.*

– *Como a mãe e a avó de Francisca souberam e vieram para buscá-la?* – Clara, estando ali como estudante, queria mesmo aprender.

– *Normalmente* – José esclareceu –, *ao fazermos um trabalho como o que foi realizado, fazemos pesquisas, esta não foi difícil; fomos saber quem eram e o que haviam feito, embora com muitos baste observar para ler em suas auras quem realmente são e os atos que praticaram. As duas senhoras, mãe e avó de Francisca, há tempos estavam atentas a ela por amá-la e quererem que ela se modificasse. Visitavam-na sempre, porém Francisca não as via por vibrar diferente e também evitava pensar nelas para não sentir remorso. Nós as convidamos para vir aqui; esperávamos que Francisca, após conversar conosco, quisesse vê-las. Deu certo.*

– *Será que esses dois se converteram? Isto é, repeliram o mal que fizeram e estão dispostos a fazer o bem que não foi feito?* – perguntou Huberto. – *Bastou somente essa conversa para mudá-los? Gostei de acompanhá-los nesta tarefa e por ter comprovado que mudamos quando queremos, independente de tempo, lugar e estado físico ou espiritual que estejamos. Sentimentos, de fato, nos acompanham, ou melhor, são nossos. Minha pergunta é: Esses dois se converteram ou somente aceitaram interromper por algum tempo essa vingança? Deram um tempo ou realmente desistiram?*

– *Meu caro Huberto* – respondeu José –, *que bom se eu pudesse responder que os dois compreenderam.. Nosso trabalho não termina aqui. Infelizmente, numa conversa assim ou quando incorporados, o tempo é muito pouco para que consigamos fazê-los compreender a necessidade de uma mudança, uma transformação ou uma conversão. Alguns entendem e querem parar de sofrer, desistem de continuar se vingando; outros continuam em dúvida, necessitando de mais orientações. Uns, infelizmente, no calor da conversa, querem mudar, mas, depois, repensam e voltam à sua vingança, que pode ou não ocorrer, porque muitas vezes é o obsediado que muda e não aceita mais a perseguição. Basta um se melhorar para pôr fim neste círculo vingativo.*

– *Que amor doentio! Paixão!* – exclamou Urbano.

– *Como ainda não se praticam os ensinamentos de Jesus!* – Huberto suspirou. – *Como vimos, Jurandir não se amava; afirmou, e senti ser verdadeiro, que se odiava. Como pode alguém que se odeia amar alguém? Ele fez atos bons quando estava no Plano Físico, não fez maldades. Por que ele se odiava? Estava infeliz! Queria não ter amado tanto Anny. "Amor" não é o termo correto para definir o que ele sentia ou que ainda sente, o certo é "paixão". Sentia paixão por ela e se anulou por esse sentimento doentio, sentia-se infeliz e quis que ela fosse também. Se essa pessoa se amasse e seguisse os ensinamentos de Jesus, teria amado Anny com aquele amor que diz: não faça a outrem o que não quer que lhe façam.*

Huberto se calou, e Clara pediu:

– *Fale, Huberto, mais sobre esse assunto.*

– *Amor-próprio não é errado, tanto é que Jesus recomendou que amássemos o próximo com o mesmo amor que dedicamos a nós mesmos. Quando isso não ocorre, há desequilíbrio e, para equilibrar, é quase sempre pelo sofrimento. O egoísta ama a si mesmo sem amar os outros. Não é certo ter amor-próprio somente, excluindo o amor ao próximo. Devemos nos guiar no exemplo de Jesus, amar a todos e a tudo. Quando amamos a nós mesmos e amamos aos outros, temos uma atitude doadora, doamos de nós mesmos. Quando doamos amor, mais este sentimento se torna intenso e farto. Escutando os dois nessa interessante conversação, concluí que somente nós podemos destruir nossa felicidade. Anny agiu errado e colheu os frutos de sua atitude equivocada. Jurandir não deveria ter colocado em outra pessoa, em algo externo, sua felicidade; deveria, sim, ter se esforçado para se equilibrar; mesmo sofrendo pelo desprezo de Anny, devia ter reagido, procurado outro emprego, cuidado de sua saúde. Como não se esforçou, colheu a dor pelo descuido de si mesmo. Depois, desencarnado, em vez de pensar em si e se melhorar, se anulou novamente para se vingar e continuou sofrendo. Os envolvidos nesta obsessão procuraram destruir a própria paz e, consequentemente, sua felicidade. Assim, somente nós podemos destruir nossa paz. Se não quero ser infeliz, ninguém é capaz de me fazer infeliz. Para mim, felicidade é a paz que sinto, é algo interno e não externo. Penso que, ao nos espiritualizarmos, seremos sempre felizes.*

– *José* – pediu Clara –, *você pode me explicar o que de fato aconteceu quando Anny orou no altar a Nossa Senhora pedindo ajuda?*

– *Clara* – José atendeu a aprendiz –, *Maria, mãe de Jesus, é um espírito de grande sabedoria e bondade. Como em quase toda a Terra, nossa morada, há pedidos de ajuda feitos a ela, foram organizadas legiões, isto é, muitos grupos por todo o globo terrestre para atender em seu nome. Daí a expressão: Legião de Maria. Um espírito que quer fazer o bem faz e não importa a quem e em nome de quem. Porém a obra, o ato caridoso, é dele, de quem fez. O que ocorreu com Anny acontece em muitos lugares. O pedido é feito a Maria: às vezes desencarnados trabalhadores atendem na hora; outras vezes os pedidos são anotados, levados ao departamento próprio, analisados e encaminhados a equipes para realizar essas ajudas. São de fato inúmeros grupos de trabalhadores que agem fazendo o bem e que atendem em nome de Nossa Senhora, ou seja, Maria, mãe de Jesus.*

– Sempre ouvi falar que Nossa Senhora socorre muito os suicidas.

– Sim, são muitos os trabalhadores que socorrem em nome dela os imprudentes que mataram suas vestimentas físicas – respondeu José.

– Maria atende ela mesma alguns aflitos? – Clara queria mesmo entender.

– A notícia que temos é de que Maria reside em Planos Superiores e trabalha muito. Com certeza ela atende alguns pedidos, porém coordenar todo esse trabalho é o seu objetivo – José a esclareceu.

– Amo Maria, irei pensar: talvez peça para fazer parte de um grupo assim, que atende, socorre, em nome dela – Clara se entusiasmou.

– Os membros dessas equipes são normalmente seus devotos, abnegados e amorosos – respondeu José. *– Porém, Clara, em todas as equipes do bem, para todo trabalho voluntário de amor, faltam servidores. Onde for servir, procure fazer bem-feita sua tarefa e sempre com amor.*

O grupo se desfez, combinaram de se encontrar dias depois para um outro auxílio e continuar o interessante estudo. Despediram-se. Porém José e Eulália continuaram acompanhando os envolvidos dessa obsessão.

Francisca, com o carinho da mãe e da avó, aceitou a mudança de vida, foi levada para um posto de socorro onde as duas trabalhavam e logo passou a fazer pequenas tarefas, porém se preocupou com Sebastião e sua família, porque entendeu que plantara no empregado de Leco uma má semente e temia que germinasse por ele ser ambicioso e não vibrar bem.

– Tenho medo de que Sebastião traia Leco e que toda a família seja castigada! – dizia preocupada.

Vó e mãe resolveram conversar com a desencarnada, mãe da sogra de Sebastião, e as três tentarem fazer com que ele não traísse o patrão. Num escorregão na casa de Leco, Sebastião caiu e quebrou a perna, afastou-se do trabalho e depois pediu para ser demitido. Leco permitiu que saísse do emprego, e ele se mudou com a família para longe, onde arrumou um emprego honesto. Francisca tranquilizou-se com esta notícia e não se interessou mais por Leco. Fez planos de aproveitar do melhor modo possível a oportunidade que estava tendo.

– Francisca – pediu José –, *fale para mim o que sentia quando obsediava.*

Ela demorou uns instantes para atender o pedido, depois falou como se escolhesse as palavras.

– Foi um período em que me sentia muito infeliz e tinha as necessidades de encarnada: sentia frio, fome e muito incômodo por estar suja. Dizia odiar Anny: de fato não gostava dela, mas não a ponto de maltratá-la. O que fiz a ela foi para ajudar Judi. Quanto a Leco, o odiava e amava. Sabia, antes de me envolver com ele, que era egoísta, interesseiro, mau-caráter... iludi-me que comigo ele agiria diferente. Dizia querer me vingar, mas o que fazia era separá-lo de seus envolvimentos, isto era fácil. Leco não se interessava de verdade por ninguém. Dizia que não queria que desencarnasse porque sabia que ele, ao fazer a mudança de plano, iria se enturmar com afins, com trevosos. Não queria que fosse preso, porque sabia que iria sofrer na prisão. O fato é que o amei e sentia ciúmes. O senhor me perguntou o que sentia. Agora respondo com sinceridade: sofria muito. Não desejo a ninguém o que passei como obsessora. Pior que, como obsessora, plantei a má semente e terei de colher os frutos dessa plantação ruim. Lamento o que fiz. Não quero mais ser uma obsessora. Quero aprender a perdoar!

Francisca se emocionou e chorou, José a abraçou confortando-a e desejou que ela cumprisse seus votos.

– *José, meu amigo, queria tanto pedir perdão para quem prejudiquei* – Francisca realmente queria ser perdoada.

– *Peça perdão a Deus e confie, talvez venha a ter essa oportunidade.*

Estando tudo bem com Francisca, José não a visitou mais. Deu seu parecer quanto à possibilidade de Francisca pedir perdão a quem prejudicou:

– *Muitas vezes* – explicou José – *isso não é possível: encontros para desculpas entre desencarnados e encarnados, uma vez que estão em planos diferentes. Para aquele que fez a maldade, o importante é se arrepender e pedir perdão a Deus, numa rogativa tão sincera que, se voltasse no tempo, não faria mais a mesma ação. A intenção é válida: a ponto de que, se prejudicou, se pudesse encontrar o outro, iria, de fato, pedir, rogar, pelo perdão. Se seria perdoada por ele ou não, é outro fato. Porém, mesmo pedindo desculpas, o erro existiu, ações foram feitas, e a reação acontecerá. Seria anulada ou amenizada por trabalhos no bem e com muito amor. A colheita é obrigatória. Ter pedido perdão é o primeiro grande passo.*

Jurandir foi para um posto de socorro; logo não sentia mais dores e fez tratamento para se equilibrar e aprender a amar a si mesmo. Esforçou-se muito para não sair sem permissão e ir atrás de Anny. José foi visitá-lo, conversar com ele, orientá-lo e incentivá-lo.

– *Este amor só pode ter origem em outras vidas* – lamentava ele. – *Não quero me recordar, preciso pensar no futuro.*

O espírito que fora pai dele, já adulto, casara-se, e José o convidou a reencarnar e ser filho dele novamente.

– *Você estará com uma pessoa que ama e com quem será amado* – José o incentivou.

– *Não verei mais Anny* – lamentou Jurandir.

– *Receberá a bênção, a graça do esquecimento.*

– *Não sei se quero esquecê-la!*

– *Jurandir* – pediu José –, *gostaria de saber o que você sentia quando obsediava Anny.*

– *Se encarnado sofri muito por ter sido desprezado, continuei, no Plano Espiritual, com o mesmo sofrimento, ou até pior. Sofri por fome, frio, dores e pelo desprezo dela, que ficou indiferente quando soube do meu falecimento e nem orou por mim. O que queria quando a obsediei era que Anny não ficasse com ninguém; se quando encarnado não consegui, desencarnado, pude fazê-lo e foquei neste detalhe. Sofria e fiz sofrer, isto é muito triste. Quando me recordo deste período, choro. Afirmo, realmente sofri. Aprendi que não se deve brincar com sentimentos alheios como Anny brincou com os meus. O resultado pode ser conturbado, causando muitas dores. O que mais sinto agora foi a perda de tempo, pois este não volta; vou continuar minha vida, mas os anos que passei obsediando foram um período que passou sem que tenha feito nada de bom para mim. Foi o que eu perdi!*

Viver uma encarnação longe de Anny iria com certeza fazer muito bem a Jurandir, ele aprenderia a amar outras pessoas.

Anny, sem os dois que a atormentavam, sentiu-se melhor; animada, passou a ajudar mais a vizinha. Ao lembrar dos acontecimentos que viveu, arrependeu-se de seus atos equivocados. Passou a frequentar a igreja; lá fez amizades, aceitou o convite para participar de um trabalho voluntário e se sentiu em paz. Conheceu, dois anos depois, um senhor viúvo, pessoa boa, namoraram e casaram. Anny prometeu a si mesma nunca mais fazer atos ruins. Pensava muito nessa frase: Aquele que muito errou tem muito que amar.

Clara, querendo aprender mais sobre o assunto, inquiriu José:

– *E Leco, o obsediado? O que aconteceu com ele?*

– *Minha gentil estudante* – José esclareceu –, *Francisca não conseguiu prejudicá-lo; o que ela fazia era separá-lo de seus envolvimentos amorosos, porém ele faria isso sem a interferência dela. Leco cometeu, continua fazendo muitos atos maldosos e provavelmente continuará errando até que a liberdade da plantação cesse, e o tempo da colheita chegue.*

– *E Anny? A obsessão, o período difícil que passou com os dois a perseguindo, fez dela uma pessoa melhor?*

– *Ela sofreu com a obsessão, o sofrimento a despertou para uma mudança de vida. Esse período complicado para Anny lhe foi benéfico. Reconheceu que errou, prometeu ser honesta, não prejudicar mais ninguém e, melhor, passou a ajudar as pessoas.*

– *Então, a obsessão lhe foi benéfica!* – Clara sorriu.

– *O sofrimento foi. Se Anny não se sentisse culpada, não teria permitido que Jurandir a perseguisse* – José a esclareceu.

– *A obsessão de Anny foi uma colheita?*

– *Sim, uma reação de sua ação imprudente. Lembro-a, querida estudante, que podemos aprender muito numa colheita difícil, principalmente se a vemos como trabalho, então tudo fica mais fácil. Espero que a ex-obsediada aprenda muito no trabalho voluntário que está fazendo para que seja mais amena a continuação de sua colheita e que plante junto a boa semente.*

– *Não podemos esquecer que a plantação pode ser de plantas úteis, não é, José?*

– *Com certeza!* – José sorriu. – *Plantamos o que queremos e colhemos o que plantamos. Se plantar a boa semente, colherá bons frutos! Como Deus é misericordioso! Posso colher e plantar! E se já colho o bem, posso continuar e melhorar a minha plantação.*

– *Sabe o que sinto?* – Clara não esperou pela resposta de José. – *Estou colhendo minha imprudência, mas estou tendo oportunidade de plantar, estou mudando minha horta. Isto é maravilhoso!*

– Clara, quando o passado fica sem resolver, traz sequelas ao presente. Isto ocorreu com todos os envolvidos. O sofrimento os mudou para melhor.

José deu por finalizada esta tarefa.

QUINTA HISTÓRIA

1º CAPÍTULO

Corri com Nardo, que, após uns quarteirões, sentou-se no chão rente a um muro. Ele estava ofegante e eu, Antônio Carlos, ao seu lado, ofegava também.

– *Que vida!* – exclamei.

– *É difícil mesmo!* – Nardo, que ainda ofegava, concordou.

Porém, a minha exclamação não fora de reclamação, como Nardo entendera, era de: "como pode alguém viver assim?!". Aproveitei para olhar para meu companheiro: ele estava sujo e com os cabelos armados, por estarem grandes e serem crespos, porém mais porque estavam sujos. Sentindo-se observado, ele me olhou e sorriu, não tinha todos os dentes. Sorri também para ele.

– *Toninho* – disse Nardo –, *você tem todos os dentes, e eles são sadios.*

– *Morri assim* – respondi.

Estava também com roupas encardidas, um chinelo de dedos igual ao que Nardo usava, meu corpo estava sujo. Não me sentia incomodado por estar daquele modo, mas sim pelos chinelos. Nunca, até então, usara chinelo daquele modelo, nem quando encarnado, eles não existiam. Depois que desencarnei e vim para a colônia, foi me dada uma roupa: camisa branca de mangas curtas, calça clara e um sapato confortável; nunca mais troquei de roupa. Primeiro porque, realmente, nem quando encarnado, preocupava-me com roupas; segundo porque me senti confortável e, como não me sujo, se isto ocorre, aprendi a me limpar e a roupa também; por não sentir necessidade, nunca mais mudei. No Plano Espiritual, se o desencarnado tem interesse em roupas, troca-as; isto se dá nas colônias, postos de socorro e no Umbral. Porém, a maioria dos desencarnados adaptados que trabalham muito não se preocupa com vestimentas. Desde que conheci José, o responsável pelo centro espírita em que trabalho, ele veste a mesma roupa. Meus cabelos também estavam sujos, espetados e, de brancos, estavam bege.

– *É* – disse Nardo –, *tinha os dentes estragados quando vivo.*

Neste drama obsessivo, eu quis sentir o que de fato um obsessor sente. Embora, como já contei, tenha sido um obsessor muito tempo atrás, foi um caso diferente. Julgava que aquela pessoa, meu desafeto, me fizera cometer atos errados e que por isso havia sofrido; na desforra, o fiz errar para que sofresse. Com certeza não deu certo. Fui incentivado a fazer coisas, que tinha a certeza não serem corretas e, quando sofri, julguei erroneamente que agira errado porque fora obrigado, esqueci-me que tinha o livre-arbítrio e a pessoa que culpara tinha seus motivos. Quando entendi que nossos atos nos pertencem, já tinha obsediado. Comigo, aquela época, foi diferente; não estava perturbado, sabia o que fazia, era sutil, foi uma obsessão inteligente e possível porque somente potenciei as tendências que essa pessoa tinha. Essa é a obsessão mais difícil de perceber e a que mais pesa no obsessor, essa atitude equivocada. Quando as consequências para ele vieram, porque também tinha o livre-arbítrio, fez erros porque quis, ele sofreu, eu sofri e me arrependi. Mas com Nardo a obsessão era diferente, marcava aquele que odiava passo a passo. Sem planejamento, ele perseguia esse encarnado.

– *Tive de correr* – explicou Nardo, já menos ofegante –, *o diabo vai para a delegacia. Não gosto de ir lá, vou lhe explicar o porquê, para você aprender. Preste atenção, Toninho: nessa delegacia tem muitos mortos mal-encarados. É perigoso!*

Como falei a Nardo que me chamava Antônio Carlos, ele passou a me chamar de Tonho ou Toninho. Era a primeira vez que isto ocorria, sempre fui chamado pelo meu nome composto. Ele não gostava de ir à delegacia, local de trabalho de seu desafeto. Há locais que encarnados frequentam que são prazerosos para uns e difíceis de estar para outros; isto ocorre nos dois planos, Físico e Espiritual. Porém são locais de trabalho para muitas pessoas. A delegacia que Nardo citou, não são todas iguais, fui para ver, o movimento é diverso. Encontrei-me com um espírito morador de uma colônia, uma senhora bondosa que viera ver o filho preso. Também me encontrei com dois trabalhadores desencarnados, do bem, que se esforçavam, tentavam auxiliar os que ali estavam. O pouco tempo que estive ali, vi pessoas fazendo queixas, encarnados querendo soluções, aborrecidos com a demora, e trabalhadores ocupados com suas tarefas, mas Nardo tinha razão: ali estavam desencarnados companheiros de arruaças de alguns detentos, obsessores com raiva querendo que o detido que odiavam fosse tratado de forma rude, outros queriam tirar amigos de lá. Alguns desencarnados causam realmente medo. Nardo, com sua aparência, é difícil para mim usar um adjetivo para defini-lo, porque, durante o tempo que com ele passei, ficamos amigos, mas, com certeza, se um encarnado o visse, levaria um susto e talvez sentisse medo. Quanto aos espíritos que Nardo dizia serem diabos ou medonhos, normalmente são do tipo que gosta mesmo é de escandalizar: muitos se vestem de modo exótico; outros usam adereços extravagantes, como chifres, rabos, dentes grandes, olhos esbugalhados; uns são peludos e, em vez de pés, usam cascos etc. Porém o que mais assombra é a fama de serem maus.

Nardo correu e me fez correr, isto como se fosse encarnado, corremos como se estivéssemos no Plano Físico. De fato me cansei, desde que passara a usar para me locomover a volitação, não andara mais muito nem correra. Ele vira, ao sair da residência do vizinho de seu desafeto, um socorrista. Explicou-me:

– *Aquele vivo-morto que vimos, eles falam que são "desencarnados", isto é, "sem carne"; isto para mim é um termo deprimente, são perigosos, podem nos pegar, eu não sei por que nem para quê. São muito limpos.*

Nardo se expressava com linguajar simples e vocábulos errados. O interessante era que dizia muito "deprimente", "depressivo". Perguntei a ele o porquê e me explicou: "Uma vez escutei isso de uma moça, perguntei o que significava, e ela me disse que era uma coisa que não era legal. Acho bonito e repito".

– *Não gosta dos limpos?* – perguntei.

– *Gostar, eu gosto, eu não tenho como ficar limpo. Mas eles são limpos demais. Já descansamos, vamos ao bar, estou com fome.*

Nardo raramente sugava energias de quem tomava bebidas alcoólicas, ia ao bar e apreciava os petiscos de lá. Usando o termo preferido de Nardo, é deprimente um desencarnado necessitar de energias de encarnados, sugando-os enquanto se alimentam para se sentirem saciados.

Fomos ao bar. Nardo aproximou-se de um homem que comia um enorme pastel engordurado.

– *Vem, Tonho!*

Fiquei olhando, e ele me avisou:

– *Se gosta de empada, espere, mas não se aproxime daquela senhora que está comendo uma. Está vendo? Ela tem algo que, se nos aproximamos, somos repelidos.*

– *Não estou vendo nenhum morto com ela* – comentei.

– *Também não, porém, se tivesse, não sei se é verdade, dizem que é por causa da "vibruação" que não podemos vê-los.*

– *"Vibração"* – corrigi. – *Penso que esses limpos só são visíveis se quiserem.* – Como ele me olhou, expliquei: – *Também ouvi falar.*

De fato, a mulher que citara não estava acompanhada, não havia desencarnados perto dela; o que ela tinha que repelia espíritos como Nardo era sua boa vibração, aquela mulher orava, tinha bons pensamentos, era uma boa pessoa.

Nardo se esqueceu por uns momentos de mim e se dedicou a saborear, junto daquele homem encarnado, o pastel gorduroso.

– *Pronto, estou cheio* – Nardo sorriu.

– *Vamos nos sentar na praça?* – convidei.

Fomos, sentamo-nos no chão, num local onde não estavam encarnados nem desencarnados. Queria conversar. Perguntei:

– *O que aquele homem lhe fez?*

– *Você viu que ele é um diabo vivo. Conseguiu ver os dois?*

"Os dois" a que Nardo se referia eram o corpo físico dele e seu perispírito. Em muitas pessoas, há diferenças. Quando estudei este detalhe, fiquei impressionado; agora é algo corriqueiro embora não tão comum. Por exemplo: vi uma senhora, corpo arquejado, envelhecido, porém seus olhos transmitiam a docilidade que tinha. Seu perispírito era bonito, harmonioso. Sabia-se perfeitamente, se visse somente seu perispírito, que era ela, mas eram diferentes. Vi também uma mulher bonita, muito mesmo, porém, ao olhar seus olhos, vi a frieza, a maldade, e aí, para mim, o físico já não era mais tão bonito. Quando ela adormeceu e vimos seu perispírito, que decepção, era feia, porque estava desarmonizada pelos inúmeros atos equivocados. Beleza é harmonia. De fato, vira o que Nardo falara: dois, o físico e o perispírito. O corpo carnal era o de um homem de quarenta anos; elegante ao vestir; peso e altura nos padrões; dentes, que tanto chamavam a atenção no Nardo, tratados e sadios; olhos claros; cabelos bem cuidados; uma pessoa de boa aparência. Seu perispírito não estava nada bem: estava doente, enfermidade que logo transmitiria ao físico, tinha cor amarelada, com manchas, era feio.

– *Você acha, Nardo, que ele ficará como o segundo?* – quis saber a opinião do meu companheiro.

Tinha proposto ficar perto de Nardo sem interferir, porém estava difícil. Acabei fazendo uma pergunta que não deveria ter feito.

– *Não sei, mas, se ele ficar, vou rir muito. Não sei o que tem, Toninho, estou me sentindo bem perto de você.*

– *Devem ser essas árvores* – disfarcei. – *Estou curioso. Por que você o persegue?*

– *Ele é mau, fez maldades para meu filho.*

– *Não quer me contar? Gosto de histórias.*

– *História?* – Nardo admirou-se. – *Está doido, homem? História não é matéria de escola? Meu filho gostava de estudar história. Podem ser também casos que contam para crianças.*

– *De fato, é matéria de escola, mas também podemos dizer que é o que acontece ou aconteceu com uma pessoa* – prometi a mim mesmo prestar mais atenção no que falaria a ele.

– *Você quer que eu conte o que aconteceu?*

– *Sim, por favor.*

– *É estranho escutar "por favor", não costumo falar nem escutar. Você não acha que o mundo está perdido?*

– *Acho!* – fui lacônico, com receio de falar algo que no momento não deveria.

– *Tudo por sexo e dinheiro!* – Nardo exclamou sério.

– *Luxúria e ganância!*

– *Isso são pecados, nomes difíceis para o "sexo" e "dinheiro"* – Nardo continuou sério. – *Vou lhe explicar, preste atenção. Tantas maldades se faz por causa de sexo! Estupros, que são algo deprimente. São vinganças. Admira-se? Depois eu vou lhe contar que se pode, sim, fazer maldades envolvendo sexo por vingança. São traições. Eu traía minha mulher, mas minhas amantes queriam, e eu as pagava. Soube que grupos cruéis pegam moças e as fazem de escravas do sexo etc. Pelo dinheiro, que é outro motivo para se fazer maldades, vendem-se drogas, matam, roubam, traem e por aí vai: maldades e mais maldades.*

Nardo falava, explicava como se eu fosse um aluno; prestei atenção e concordei: de fato, luxúria e ganância são motivos para os piores erros e maldades. Ele se calou por um instante. Insisti:

– *Conte para mim como viveu* – ia dizer encarnado, mas não disse.

– *Nasci, cresci, vivi na periferia, meus pais eram boas pessoas. Herdei de meu pai uma pequena oficina, um "conserta tudo". Desde mocinho trabalhei com papai; quando ele morreu, fiquei com a oficina para mim; minhas irmãs protestaram, brigamos, elas queriam herdar alguma coisa. Mas que coisa? O pequeno galpão era alugado, ali tinha somente umas ferramentas. Casei, minha mulher é trabalhadeira, empregada doméstica; depois passou a fazer faxinas e as faz até hoje. Trabalho pesado! Tivemos dois filhos. Bem, eu...*

Nardo parou de falar e eu o incentivei:

– Conte, Nardo, parece tão interessante, não estamos fazendo nada. O tempo passa mais rápido quando estamos conversando.

– É verdade, vou ter de esperar ele voltar do trabalho. Eu não fui muito honesto, comprava peças roubadas, fazia bons negócios, as adquiria de ladrões e as revendia com lucro. Meus filhos viam isto. O mais velho ficou trabalhando comigo, o mais novo queria estudar. O fato é que até ia à escola, mas fazia pequenos "furtos" ou "roubos". Não sei quando é um ou outro; para mim, é a mesma coisa: tira-se do outro sem que este o queira.

Aproveitando que Nardo fizera uma pausa, pensei: "*'Roubo' é quando se toma objetos, dinheiro etc. com violência. 'Furto' é quando se subtrai sem violência*".

– Dava conselhos – Nardo voltou a contar – *para meus moleques. Repetia sempre "Cuidado, não exagerem, façam as coisas bem feitas", mas já viu, jovens são desobedientes. A mãe queria que eles fossem honestos. O mais novo foi pego cinco vezes, mas era menor de idade, não deu em nada. Ficou conhecido da polícia. Ele ia fazer dezenove anos quando tudo aconteceu. Ele namorava uma garota, estava apaixonado, mas a moça não valia nada. O sexo entrando na confusão. Ela tinha dezessete anos, mas desde os treze se prostituía. A mãe, eu e até o irmão fomos contra este namoro, mas não adiantou. Ela prometeu, jurou para meu filho que com ele seria diferente, que o amava etc. Porém, numa tarde, ele a viu com outro, bateu nela, e a moça se vingou. Percebe, Toninho, que por sexo se vinga? O que ela fez? Foi à delegacia e disse que meu filho a estuprara e a machucara. Prenderam meu menino. Esse delegado-diabo é muito maldoso, mandou prenderem-no, surrarem-no, o colocou numa cela e disse que era estuprador. Meu filho sofreu horrores.*

Nardo fez mais uma pausa e chorou. Senti o que ele sentia e chorei também. Ele estava perturbado, às vezes não entendia muito bem o que acontecia, porém, comigo perto, ele raciocinou melhor, mas isto o fez entender o que acontecera e sofrer.

Quando narrava, eu sentia que a dor dele era a de uma pessoa que ama a outra, sofreu muito quando ocorreu o episódio que contara e sofria ao se recordar. Tive vontade de confortá-lo com um abraço, mas não o fiz, temi ser mal interpretado e estragar aquela convivência e ajuda que pretendia lhe dar.

– *Meu outro filho e eu fomos à delegacia, e escutei desse diabo: "Há tempos queria colocar as mãos nesse ladrãozinho que até então era menor de idade, agora é maior de idade. Está tendo a lição que merece". O jeito foi pedir ao traficante do bairro, e para aqueles de quem comprava peças roubadas, ajuda. Eles pressionaram a moça, porque, conhecendo-a, sabiam que ela não fora estuprada; ela então foi à delegacia e desmentiu. Meu outro filho foi atrás de um advogado, que cobrou todas as nossas economias, e ele foi solto. Estava muito machucado.*

Não vou escrever tudo o que Nardo contou, foi triste escutá-lo.

– *Mas as desgraças não terminaram* – Nardo contava; às vezes parava para chorar, as lágrimas limpavam seu rosto sujo, mas eram dolorosas. – *A mãe e eu tentamos ajudá-lo, cuidamos dele; se os ferimentos físicos sararam, o mesmo não se deu com os morais. Penso que ele ainda continuava apaixonado, mas a moça namorava outro, o traficante do pedaço. Meu menino tornou-se quieto, quase não conversava, não queria sair de casa temendo escutar gracinhas, gozações. Com certeza escutaria, porque tanto o irmão como eu escutamos. Um dia de manhã ouvi minha mulher gritar desesperada e corri até o quarto de meu filho, pois ela estava lá, e o vi enforcado. Meu filho pegara o lençol, trançara-o e o amarrara numa viga do telhado, o quarto não tinha forro, colocando a outra ponta no pescoço e pulando de uma cadeira. Meu menino estava morto. Que dor! Que tristeza! Sabe, Toninho, o que eu lembro destes momentos?* – Nardo não esperou pela minha resposta. – *Nada ou quase nada. O outro, meu filho, foi quem cuidou de tudo; minha mulher e eu ficamos olhando. No velório foram muitas pessoas, a moça tentou ir, foi barrada e ameaçada. Depois do enterro, voltamos os três arrasados para casa. Como foi doído, sofrido, ver meu caçula morto. Tentamos continuar trabalhando, vivendo. Uns três meses depois, esta moça, que havia se envolvido com o traficante, o traiu: aí sim levou uma tremenda surra que a deixou manca e com uma grande cicatriz no rosto. Ela recebeu sua lição. Mas e o delegado? Senti ódio dele. Tinha fama de ser mau e de fato é. Morri! Escutei que bati as botas e que foi um derrame, AVC ou algo assim, porque com pobres normalmente não se investiga muito a causa da morte. Melhor. Minha mulher percebeu que morrera pela manhã.*

– *O que você sentiu?* – fiquei curioso.

– *É engraçado morrer, sei que existem muitas maneiras de ir desta para outra; comigo foi trágico e cômico, de rir. Fui dormir, estava havia dias tendo dores de cabeça e no peito. Minha mulher queria marcar consulta para mim, mas, até ser atendido, você piora, sara ou morre. Pagar pela consulta, achava caro e que não seria preciso. Achava que não devia ser nada, mas era. Bem... como falei... Preste atenção, Toninho, senão, não conto.*

– *Estou atento; conte, sim, estou gostando de escutá-lo.*

– *Teve uma hora, momento na noite, que senti uma dor muito forte, pensei que não ia mais conseguir respirar.*

Nardo contava, revivia, e eu sentia, esforcei-me para minha respiração não ficar ofegante. Ele continuou:

– *A dor passou, e eu sosseguei. Não consegui acordar ou responder quando minha mulher me chamou e sacudiu. Vi e achei engraçado pessoas chegarem na minha casa, me rodear e dizer que eu estava morto. Sinceramente nem liguei, fiquei por ali. Um mocinho que conhecia desde garoto, que a polícia o matara numa troca de tiros, me chamou: "Seu Reinaldo". Chamo-me Reinaldo. Já lhe falei que me chamo Reinaldo?*

– *Não, você disse se chamar Nardo* – respondi.

– *Você parece às vezes ser esperto; outras, muito burro. Como pode alguém se chamar Nardo?*

– *Reinaldo é um nome bonito. – Continue contando* – pedi.

– *Aquele moço me informou: "O senhor morreu, vestiu um paletó de madeira". "E agora? O que faço?", perguntei. "Nada. Ou faça como eu: fique andando por aí." Andei, porém, esperto, aprendi muitas coisas. E aí me preocupei: vi muitos mortos, era um, e não vi meu filho. Perguntei à turma de mortos que ficava por ali, e eles me responderam que, por meu moleque ter se suicidado, fora para outro lugar; eles não sabiam onde e também me disseram que eu não tinha como ir lá. Toninho, às vezes penso que meu filho continua sofrendo* – chorou, e eu, sentindo sua dor, chorei também.

Ficamos calados por momentos, ele voltou a falar:

– *Fui, depois de morto, ver a moça traidora: está numa pior; ficou de fato manca; tem uma grande cicatriz no rosto; e passa por necessidades, porque o traficante que foi traído deu ordem para que ninguém se envolvesse com ela, o castigo tinha de ser exemplar. Ali, ordem de traficante é lei. Ela recebeu um grande castigo e se arrependeu do que fez ao meu filho, mas o delegado não. Se o odiava quando vivo, meu ódio aumentou agora que estou morto, quero fazê-lo sofrer. Ele devia, ao ver a moça que fizera a denúncia, investigar para saber se ela mentia e não castigar meu filho sem apurar se era verdade. Ele podia fazer seu trabalho sem fazer maldades. Resolvi me vingar, fazê-lo sofrer para que pague o que fez de mal. Não é* – Nardo mudou de assunto – *que as horas passaram? Está quase no horário dele voltar para casa. Vamos lá. Fique quieto!* – recomendou. – *Não faça nada sem me perguntar. Você pode ficar com vontade de dar um castigo nele, mas não faça nada sem minha autorização. Entendeu? Se não fizer o que eu quero, expulso você.*

Nardo pensou por uns instantes e perguntou:

– *O que você está fazendo mesmo perto de mim?*

– *Conhecemo-nos na rua, estava perdido, conversamos, você me tratou bem, pedi para ficar com você e deixou.*

– *Foi isso mesmo. Então me obedeça.*

– *Obedeço!* – concordei.

– *Vamos à casa do diabo.*

Ele se referia ao seu desafeto por este substantivo. Andando como encarnados, rumamos para a casa dele. Desviava-me das pessoas encarnadas, e Nardo gargalhou.

– *Toninho, não precisa se desviar, passe por elas. Somos energias diferentes, mas tudo é matéria.*

– *Como?* – estranhei ele saber destes detalhes.

– *Como você é burro! Não tem culpa! Não se ofenda! Escutei isso de um morto do meu bairro, ele me ensinou. Ele disse que tudo é matéria e que estas diferem. Quando morremos, vivemos assim e pronto.*

De fato, é isso mesmo, tudo é matéria, somos diferenciados pelo plano em que estamos.

– *Você é inteligente!* – elogiei.

– *Não tenho estudo, mas sou inteligente.*

Andamos por uns quarenta minutos. O chinelo me incomodava porque, ao abaixar minha vibração e querer sentir o que Nardo sentia, cansei-me.

– *Puxa, é longe!* – reclamei.

– *É que corremos na ida. Não se lembra? Ali está a casa, vou olhar para ver se o limpo está por aqui.*

Não vimos nada. Paramos na frente da casa.

– *Preste atenção, Toninho, nós entramos nas casas dos vivos. É assim.*

Desencarnados, para fazer isso, necessitam aprender. É relativamente fácil. Nardo, com as mãos à frente, passou e me puxou; fez isto no portão e na porta. Entramos na sala.

– *Logo o diabo chega!* – informou-me.

De fato, logo escutamos barulho de carro entrar na garagem; o obsediado abriu a porta e entrou. Sentia-se cansado, sentou-se no sofá. Nardo aproximou-se e sugou muito as energias dele.

– *Não gosto de fazer isto* – ele me explicou –, *porém é necessário porque o enfraqueço.*

Depois se fixou nele e falou por minutos:

– *Você é ruim! Não presta! Infeliz! Você é infeliz!*

Falou mais coisas que não vou repetir. O homem ficou inquieto, não sabia o que fazer, se jantava em casa ou se saía. Não estava se sentindo bem.

– *Venha, Tonho, sugue as energias desse diabo! Sabe como faz?*

Afirmei com a cabeça e fingi que o suguei. Queria mesmo pedir para aquele homem que orasse, tivesse algum bom pensamento, mais temi que Nardo desconfiasse. O obsediado olhou para um aparador com fotos, eu também olhei. Eram fotografias de um menino e uma menina.

– *Filhos!* – ele exclamou em tom alto.

Saiu pensando em jantar em algum restaurante.

– *Vamos junto com o diabo ou ficar esperando?* – perguntou Nardo. – *Se quiser ir, aviso-o, ele gosta de comer comidas estranhas. Acredita que numa noite ele comeu lesmas, as chamou com um nome diferente, penso que é francês.*

– *Vamos ficar. Queria sentar no sofá. É chique!*

– *De fato é. Sente-se e fique à vontade.*

Sentei-me e Nardo sentou-se na outra ponta.

– *Ele vai demorar para voltar?* – perguntei.

– *Não sei; às vezes demora, outras não. Ele tem uma namorada.*

– *Esta sujeira está me incomodando* – queixei-me.

– *Ainda não se acostumou?*

Com certeza eu nunca, que eu me lembre, havia ficado tão sujo, mas a sujeira era externa e não me incomodara até eu me fixar em Nardo e novamente sentir o que sentia. Ele se sentia sujo, estava realmente, mas o que o incomodava era a sensação de estar interiormente sujo.

– *Sei de um lugar onde se pode ir e tomar banho, se limpar* – disse.

– *Limpar mortos?!* – Nardo admirou-se.

– *Por que não? Não vimos os limpos? Vamos lá? Não estamos fazendo nada.*

Nardo ficou curioso, pensou e o escutei:

"*Esse Tonho é mesmo lelé. Coitado! Eu o estou ajudando. De fato não estamos fazendo nada. Não custa tentar. Vou com ele, com certeza será engraçado. Vou protegê-lo!*"

– *Está bem, Toninho: vamos. Onde fica esse lugar? É longe?*

– *Não muito, é mais ou menos perto. Vamos!*

2º CAPÍTULO

Saímos da casa onde estávamos; Nardo, atencioso comigo, ajudou-me a atravessar a porta e o portão.

– *Por aqui* – mostrei o rumo.

Aonde pretendia levá-lo era em outra cidade; caminhando como encarnados, faríamos o trajeto em semanas. Aproveitei que Nardo distraíra-se, quis que ele ficasse uns instantes desligado e volitei com ele. Meu companheiro não percebeu como foi; às vezes nos acontece ficar alheios aos acontecimentos por uns instantes, fazer isto com desencarnados é mais fácil.

– *Indo de uma rua à outra deve ter encurtado o caminho* – comentou. – *Aqui é o centro da cidade?*

– *O centro mesmo fica mais para lá. O local que falei é logo ali.*

Trouxera Nardo para o centro espírita onde faço parte da equipe desencarnada. O posto de socorro situado no espaço espiritual acima do espaço físico do centro não fecha, fica aberto. Entramos na sala da frente, a chamamos de "recepção". Cátia nos atendeu.

– *Boa noite, senhores. Do que precisam?*

– *Banho!* – respondi.

– *Como?* – Cátia perguntou.

A atendente nos olhou, ou me fitou, sorriu e ia dizer alguma coisa quando José nos conduziu para dentro. Eu o tinha avisado por pensamentos que estava chegando com um acompanhante. Ele sabia o que estava fazendo.

– *Por aqui, companheiros! Entrem! Querem tomar banho?*

José foi entrando no posto, e nós dois, atrás.

– *Os banheiros estão aqui. Vou buscar roupas limpas para vestirem.*

Do lado esquerdo do posto, local em que eu raramente vou, existem banheiros e um refeitório, onde desencarnados que ainda sentem necessidade de se limpar e alimentar podem fazê-lo.

– *Tome banho, Nardo; vou usar o outro banheiro* – avisei.

Deixei-o ali, fui à outra parte do posto e me limpei. Cátia me viu, riu e comentou:

– *Quase que não o conheci, Antônio Carlos. Como ficou sujo!*

Rimos. Conversei com José, que pediu para um trabalhador auxiliar Nardo e o levar ao refeitório. Depois fui me encontrar com ele.

– *Puxa!* – exclamamos nós dois juntos.

Nardo estava limpo, com roupas confortáveis e limpas, cabelos curtos e barba feita.

– *Seus cabelos estão brancos, Tonho.*

– *Estão limpos!* – respondi. – *Nossa, como você está bem!*

– Sinto-me melhor! Estou comendo. Que gostoso! Estou comendo e não estou roubando de ninguém. Se quiser, eu peço para aquela mulher, e ela traz comida para você.

Desencarnados que vagam e sentem fome agem, a maioria, como Nardo no bar, que sugou energias do encarnado que se alimentava do pastel para se sentir saciado. Em postos de socorro, colônias, até que os desencarnados aprendam a se nutrir de outras fontes energéticas, alimentam-se não sugando outros, mas de alimentos que usamos no Plano Espiritual. De fato, depois de sugar, "roubar", como ele se referiu, ou vampirizar encarnados, se servir de alimentos e fazer uma refeição como no Plano Físico é muito prazeroso.

– Já comi. Que lugar gostoso! Bom, não é? – quis saber o que ele estava achando do local.

– Limpo – respondeu Nardo com uma colherada de alimento na boca.

Os alimentos que são servidos no nosso posto de socorro, assim como em muitos, mas não em todos, são trazidos de Colônias ; são matéria, porém diferente da alimentação dos encarnados. Trabalhadores, normalmente aprendizes que estão começando a ser úteis, preparam esses alimentos, porém, com muito menos trabalho do que os alimentos feitos no Plano Físico. Nardo terminou sua refeição.

– Será, Nardo, que aqui eles não lhe dariam notícias de seu filho morto?

– Hum! Será? Não vi meu menino em lugar nenhum. Quem se suicida não vai para o inferno?

– Inferno? Não fui para lá! – exclamei.

– Nem eu! Até o Lau, um homem ruim, matou uma porção de gente, não foi. Eu o vi no cemitério, o cara sofria muito. Um que ele matou o fazia de cavalo, ficava montado nele e lhe batia com o chicote.

– Isso não é inferno? Ficar como nós não é estar num inferno? Penso que sim. Depois que vi neste lugar esses que são também mortos e vivem diferente, penso que podemos ser como eles.

– Nossa, Toninho! O que aconteceu com você?

– Penso que melhorei ao ficar limpo.

– Você acha mesmo que eles podem saber de meu filho? Que saudades!

Nardo começou a chorar. Levantei e peguei um guardanapo para ele.

– Enxugue o rosto para não se sujar – pedi.

– Vou chorar naquele canto para ninguém ver.

– Por quê?

– Homem não chora.

Levantamo-nos, fomos ao canto do salão e nos sentamos. Olhei Nardo, ele sentia saudades do filho e o temor de que ele pudesse estar sofrendo no fogo do inferno. Na mesma sintonia, chorei também.

– Você também sofre, não é, Toninho? Não me contou o porquê.

José me salvara, não iria mentir, mas não queria falar o porquê de minhas lágrimas.

– José – disse –, *meu companheiro...*

Nardo me chutou, pôs a mão na boca e falou em tom baixo:

– "Senhor José", olhe o respeito, ele deve ser o chefe por aqui.

Olhei para Nardo, concordei; depois olhei para José, que segurava o riso, e voltei a falar:

– Senhor José, meu amigo, este aqui tem um filho que morreu, ele não sabe dele.

– Deixe que eu falo – Nardo me interrompeu. *– Meu filho, senhor, se suicidou. O moleque sofreu por vários motivos, a pior foi uma vingança sexual. O que aconteceu é conversa para muitas horas. Uma das pessoas que o prejudicou, a vida ou um homem poderoso, o traficante chefão do pedaço, a castigou. O*

outro, eu estou tentando castigar. Não falei que era prosa pra horas? O fato é que o coitadinho se matou.

Nardo chorou de novo, e eu não consegui, por estar sentindo suas emoções, ficar somente o escutando, chorei também.

– *Bem...* – José estava pensando no que ia falar. – *Vou anotar os dados de seu filho. Como ele se chama? Quando ele desencarnou, morreu? Com que idade? Como foi sua morte?*

– *Está vendo, Nardo? O homem vai nos ajudar* – falei.

– *Senhor José, Tonho, não se esqueça. Senhor, se me ajudar, vou agradecê-lo todos os dias de minha vida ou morte.*

– *Uma vez só é o bastante* – José sorriu. – *Agora vou levá-los aos quartos onde poderão descansar. Acompanhem-me, por favor.*

Atravessamos o refeitório, subimos escadas e entramos nos dormitórios. Nessa parte do posto estão quartos individuais, salas ou cantinhos de alguns trabalhadores e uns poucos aposentos para eventualidades: Nardo era uma.

– *Aqui ficará hospedado, Nardo* – informou José. – *Descanse, iremos saber de seu filho para você. Agora vou levar Antônio Carlos para o outro quarto. Boa noite!*

Senti Nardo contente por estar limpo, saciado, sem ter vampirizado e por poder descansar num leito limpo e confortável.

Saímos do quarto, José e eu, porém o fiquei observando através da porta fechada. Nardo olhou tudo, depois apagou a luz e se acomodou na cama. Quis que ele dormisse e o fiz adormecer. Ele dormiu tranquilo.

– *Sinto-me agora aliviado* – informei a José. – *Com ele dormindo, não estou mais sentindo suas sensações. Vou deixá-lo adormecido para que não saia daqui. Eu o acordarei quando tiver feito o que penso fazer.*

– *Vai atrás do filho dele?*

– *Sim. Vou pedir para Eulália ir comigo.*

Eulália escutou meu pedido e disse sorrindo:

– Algumas vezes fui ao vale onde se agrupam esses imprudentes; por mais que me esforce, volto entristecida. Você tem ido lá?

– Raramente, fui mais na época em que estudei o Plano Espiritual; depois optei por fazer outras atividades.

– Vou com você, pedirei para nos acompanharem Fátima e César. Organizarei tudo para me ausentar, iremos em trinta minutos.

José nos desejou êxito e partimos. Volitamos até um posto de socorro localizado numa das entradas do vale que fica no Umbral do Plano Espiritual da cidade em que Nardo e família residiam. Como havíamos informado que iríamos, o portão foi aberto assim que chegamos. Fomos recebidos por Octávio, um amoroso trabalhador que há anos era responsável por aquele abrigo de amor. Expliquei, resumindo, o porquê de estarmos ali. Dei-lhe os dados do filho do Nardo.

– Infelizmente ele não está no posto – informou Octávio. – *Vou olhar no gráfico para tentar localizá-lo e pedir auxílio para os socorristas que estão no vale.*

– Vocês aqui no posto estão tendo muito trabalho? – perguntou Eulália.

– Sim, muito. Estou sempre pedindo trabalhadores para nos ajudar. Infelizmente, o número de pessoas que desistem da vida física é grande. O vale está lotado de sofredores, assim como nosso posto e outros, além dos hospitais que os atendem nas colônias.

Percebendo que estávamos ali por um motivo, Octávio nos levou a uma sala com modernos computadores, alguns conhecidos dos encarnados e outros ainda não. Digitou as informações que eu lhe dei e aguardamos por uns trinta segundos. Apareceu na tela um socorrista. Nós o cumprimentamos.

– Estou, Octávio, na zona oito, quadra sete. Essa pessoa que procura está aqui – o socorrista nos deu a informação.

O vale, para melhor os socorristas trabalharem, é dividido por setores, zonas, isto somente no gráfico. O vale é um espaço enorme. Normalmente um trabalhador faz sua tarefa num setor. Quando há um socorro maior, muitos tarefeiros vão a locais determinados. São muitos os vales existentes no Plano Espiritual do Brasil, no mundo, e os tamanhos diferem.

– *Este desencarnado está em condições de receber socorro?* – Octávio quis saber.

– *Não! Está confuso e não se arrependeu.*

– *Estou com amigos que querem resgatá-lo. Vou com eles até aí* – informou o dirigente do posto.

Desligou o aparelho e nos esclareceu:

– *No vale, costumamos ir andando e, para irmos ao setor em que esse moço está, é uma caminhada de uns quarenta minutos. Vamos vibrar do melhor modo possível para não sermos vistos.*

O que Octávio nos recomendou era para aqueles que vão ao vale por um determinado motivo. O fato é que ali se veem muitos padecimentos que comovem, o consolo é que tudo é temporário e os que ali estão é para aprenderem a dar valor à vida. Saímos do posto e acompanhamos Octávio.

Tivemos que nos esforçar, a vontade que tínhamos era de socorrer todos os que ali estavam, porém iríamos levá-los para onde? E como cuidar deles? Vou contar uma comparação que ouvi no tempo que estudei: "O socorro que fazemos é como colher frutos. Se colhidos maduros, no tempo certo, os socorridos aproveitam a ajuda oferecida; se verdes, costuma não dar certo, porque ainda não querem o socorro e, se levados, dão mais trabalho". Depois, naquele posto perto do vale, assim como em todos os abrigos da Espiritualidade, faltam servidores. Ainda se prefere mais ser servido que servir.

– *Se encarnados vissem esses vales, penso que não se suicidariam!* – exclamou César sentindo piedade.

– *César* – explicou Eulália –, *todas as religiões condenam o suicídio, algumas os condenam ao inferno, e pela eternidade. Temos, em nós, no nosso íntimo, que não devemos matar ninguém nem a nós mesmos. Cada caso é único, e aqui, em vales assim, os necessitados aprendem pela dor porque se recusaram a aprender pelo amor.*

Entendemos que deveríamos permanecer calados. De fato, quarenta minutos depois, encontramos o socorrista que, por gestos, nos mostrou aquele que procurávamos. Se aqueles que ali ficam veem desencarnados como nós, rogam por ajuda, tentam se agarrar naqueles que julgam poder tirar suas dores. E quando escutam conversas que não são bramidos de dor, aproximam-se também, às vezes aos gritos, pedindo clemência. Quanto aos socorristas que ali estão, num trabalho abnegado, muitos os veem e se acostumam a receber deles água, carinho e a ouvir deles palavras que os incentivam a mudar seus pensamentos.

Olhei o desencarnado que fora apontado: estava sentado encostado numa pedra, muito sujo e alucinado. Aproximei-me; ele, além de pensar no que sofrera na prisão, pensava no ato que o tirara da vida física. Fiz sinal de que ia levá-lo. Levantei-o, coloquei seu braço direito sobre meu ombro e o amparei com meu braço. Iria levá-lo até o posto de socorro. Agradeci mentalmente o socorrista, que sorriu em resposta; ia fazer o sinal para partirmos quando Eulália e César se aproximaram cada um com um necessitado. Entendi que eles iam socorrê-los.

Levamos cinquenta minutos para chegar ao posto de socorro. Quando chegamos, Eulália explicou:

– *É uma menina, com certeza desencarnou aos treze anos. Vou abrigá-la no nosso posto e cuidarei dela.*

– *Eu peguei este, penso que o conheci* – justificou-se César.

Agradecemos Octávio e volitamos com os três socorridos para o nosso posto, ou para o posto em que trabalhamos. Cuidei do filho de Nardo, limpei-o, alimentei-o, acomodei-o no leito, ele ficou numa das enfermarias. Quando amanheceu, fui acordar Nardo, mas o encontrei no refeitório.

– *Sente-se aí, Tonho, e peça uma bandeja para você. Está muito gostoso este café da manhã.*

– *Já comi* – respondi.

Como não falei quando, não menti. Há muitos anos, muitos mesmo, não me alimento dessa forma.

– *Guloso você!* – Nardo sorriu.

José se aproximou e deu a notícia:

– *Nardo, seu filho está aqui conosco. Quer vê-lo?*

– *Quero! Quero!* – gaguejou e se levantou.

Nós dois acompanhamos José, que entrou na enfermaria e parou diante de um leito.

– *Meu Deus! Meu Deus! É o meu menino!*

O filho de Nardo estava muito perturbado; mesmo ali conosco, limpo, socorrido, as cenas se repetiam sem parar em sua mente, ele as revivia. José e eu demos energias a ele, que, ao ser chamado pelo pai, abriu os olhos, o olhou, tentou sorrir e balbuciou:

– *Gosto do senhor, papai!*

Nardo se debruçou sobre o filho, José o segurou.

– *Por favor, não vá machucá-lo. Seu menino precisa de sossego, carinho e amor para se recuperar. Olhe, ele voltou a dormir. Vamos deixá-lo sossegado.*

Fomos à sala de atendimento, José conversaria com ele. Nardo chorou, mas desta vez seu choro era de alívio.

– *Nardo* – José tentou elucidá-lo –, *que bom que viu seu filho, agora sabe que ele está conosco, desencarnados bons.*

– *Limpos!* – exclamei.

– *Toninho, deixe o homem falar, lembre...*

– *Ele agora só melhorará, vamos levá-lo para um local bonito, onde estará bem acomodado. Convido vocês, os dois, para ficar conosco, aprender a fazer o bem, ajudar os outros, a fazer caridades.*

– *Eu aceito!* – afirmei.

Nardo me olhou e pensou: "*Serei capaz? Não sei fazer nada*".

– *Conosco se aprende* – José continuou explicando com carinho. – *Tudo nos é ensinado.*

Chamaram José, e ele nos informou:

– *Esperem-me aqui, volto logo para continuarmos a conversa.*

– *O que acha, Tonho?* – perguntou Nardo.

– *Estou gostando daqui* – respondi –, *muito. Não se esqueça de que eles estão cuidando de seu filho. Pense, amigo: você morreu, escutei deles que se diz "desencarnou", e, em vez de pensar naqueles que ama, foi pensar naquele homem.*

– *O diabo! Você tem razão, Tonho. Você não é esperto, não tem culpa de ser lerdo, mas falou uma verdade.*

– *Se você aceitar aprender, poderá depois ajudar sua mulher, o filho vivo e este outro. Ele o reconheceu.*

– *Falou que gosta de mim!* – Nardo se emocionou.

– *Prefere ficar perto de quem ama ou de quem não gosta?*

– *De quem gosto!*

– *Vamos então aprender? Pense como será bom, quando souber, ajudar seus filhos e a esposa* – incentivei-o.

José voltou, e Nardo falou decidido:

– *Nós dois vamos aceitar sua ajuda.*

– *Você será levado para um abrigo muito bonito, onde aprenderá muitas coisas interessantes* – decidiu José.

– *E o coitado do Toninho?* – Nardo se preocupou comigo.

– *Ele será levado para outro lugar bonito também.*

– *Quando será isso?* – ele quis saber.

– *Logo mais. Vou levá-lo de novo para ver seu filho, mas desta vez diga a ele que o ama, que quer que ele fique bem, abrace-o e o beije com cuidado.*

Nardo foi com José e logo depois voltou contente.

– *Já vou embora! Vou num ônibus que voa.*

Um aeróbus. Acompanhei-o até o pátio.

– *Tchau, Toninho!* – exclamou Nardo. – *Não tenha receio, o chefe cuidará de você.*

Concordei com a cabeça, e ele me deu a última lição:

– *Não posso recusar esta ajuda. Recusar seria burrice. Não posso receber este auxílio e ser egoísta. Só receber é errado. Tenho de receber e dar. Vou aprender para dar.*

Senti vontade de abraçá-lo, mas Nardo não gostava dessas demonstrações de carinho. Estendi a mão, e ele a apertou.

– *Fique com Deus, Toninho!*

– *Vá com Deus!* – exclamei.

Sorrimos, porque numa situação anterior, quando isto ocorreu, ele me falou: "Vamos decidir? Ou Deus vai ou fica".

Nardo entrou entusiasmado no aeróbus, e eu fiquei ali até não ver mais o veículo que rapidamente ganhou altura. Entrei no posto.

3º CAPÍTULO

Voltei às minhas atividades. O grupo, durante este trabalho, reunia-se com horário marcado e, numa dessas reuniões, fui convocado a explicar o que ocorrera com Nardo e por que eu me envolvera nesta obsessão. E uma vez que os trabalhadores mais recentes da casa pediram para me escutar, por terem ficado curiosos por terem me visto sujo e acompanhando Nardo, resolvi esclarecer com detalhes, da mesma forma que o faço aqui.

Nós, os escritores desencarnados, que, pela psicografia, escrevem histórias, recebemos inúmeros pedidos: são de ajudas para si, familiares e para desencarnados que amam etc. Normalmente, sem ser regra geral, esses pedidos vão para a Casa do Escritor ou, nas colônias, para os departamentos que recebem esses rogos e equipes de socorristas os auxiliam. Alguns são encaminhados a nós ou os sentimos mais intensamente. Isso ocorreu. Uma mulher moradora de uma cidade pequena, no interior do Brasil, me pediu algo. Mas o que era esse "algo"? Não se sabia. Fui visitá-la, não encontrei ninguém na moradia, a casa era simples, limpa, porém, para a cidade, era uma boa residência. Não esperei muito; logo a mulher chegou, era professora, viera do trabalho com o filho de doze anos e uma menina de três anos. Bastou olhá-los para saber que a menina era um bom espírito, mas o garoto não tinha boa índole. A mulher, cansada, foi preparar o jantar; ela era uma pessoa sofrida, e por muitos motivos. Teria que analisar para saber o porquê de seus rogos. Chamava: "Antônio Carlos, por Deus! Por favor! Ajude-me!". Somente isso. Iria esperar que ela rogasse e indagar para tentar saber o que ela queria que lhe fizesse e, se o que rogava, eu poderia fazer. Acomodei-me no canto para esperar.

Não fiquei nem cinco minutos no canto quando chegaram na casa duas desencarnadas. Uma garota de oito anos com uma trabalhadora de um Educandário, lugares em colônias onde abrigam crianças desencarnadas. Ao me ver, sorriram. A menina aproximou-se de mim e indagou:

– *O senhor é o Antônio Carlos? Mamãe gosta muito dos livros que escreve. Ela tem pedido ajuda ao senhor!*

A acompanhante da garota explicou:

– *Tenho acompanhado Lorena para visitar sua família: a mãe, os irmãos e o pai.*

– *O que sua mãezinha me pede, Lorena?*

– *Penso* – respondeu a garota – *que é para ajudar a todos nós. Mamãe me quer num lugar lindo e pede para o senhor que isso aconteça. Ela está preocupada com meu irmão, quer educá-lo e não sabe como.*

– *Lorena, por favor, me conte o que acontece* – pedi.

– *Vamos sentar ali fora? Posso, não é, tia Leila?*

– *Sim, querida, fique aqui que eu vou fazer uma visita e volto logo.*

O perispírito, para quem sabe, é modificável, porém a vibração, as energias que irradia não. Aqueles que sabem senti-las não são enganados. A acompanhante de Lorena sabia, por isso, tranquila, a deixou comigo.

Acomodamo-nos no quintal. Havia ali um banco. Olhei-a, incentivando-a a contar o que acontecia. Lorena o fez com sua voz agradável.

– *Morávamos em outra cidade, de porte grande, meu pai, mamãe, meu irmão e eu. Papai é delegado, infelizmente é genioso, se irrita com facilidade; meus pais brigavam muito, papai surrava mamãe, era enérgico conosco, não admitia falhas, dizia que tinha de nos corrigir para não sermos bandidos, porque a maioria dos bandidos, se fossem educados, não o seriam. Não concordo com ele, mas agora tento entendê-lo. Por qualquer motivo, ele nos surrava; mamãe nos defendia e apanhava. Como falei, papai batia sempre nela. Morávamos com conforto, estudávamos em boas escolas. Meu genitor fez inimigos. Três deles, que faziam uso de drogas, planejaram uma vingança. Eu estudava no período da tarde; meu irmão, pela manhã. Íamos ao colégio de van. Naquela tarde, esperava a condução que me levaria para casa, a van estava atrasada, quando uma moça passou com um cachorrinho lindo; sempre gostei de cachorros, mas meu pai não me permitia ter um. A moça me chamou, afastei-me de duas colegas que esperavam a van comigo e me aproximei da moça. "Quer pegá-lo? Ele gostou de você", a moça estava sendo gentil. Não peguei, mas passei a mão nele. "Estou com mais três filhotes ali. Quer vê-los?" "Sim", de fato, quis vê-los. "Venha, dali poderá ver quando a van chegar." Ela me deu o cãozinho e pegou minha mochila. A escola ocupa uma quadra toda, o portão não fica no meio do prédio, mas para um dos lados e, nesse lado, havia somente meio quarteirão, era uma rua sem saída. "Os filhotes estão ali", a moça mostrou o carro que estava nesse beco. Ao me aproximar do veículo, ela me colocou um pano no rosto e não vi mais nada. O que aconteceu foi: três pessoas e a moça, odiando meu pai, todos drogados, resolveram castigá-lo pelo tratamento cruel que receberam dele. Desmaiei; a moça rapidamente me colocou no carro, onde dois homens estavam e tranquilamente saíram dali. A van atrasara porque o terceiro homem deu uma fechada planejada no veículo escolar que o fez parar e houve uma discussão. Quando a van chegou, o condutor não se preocupou comigo, estava nervoso por ter escutado muitas ofensas, pensou que eu faltara às aulas ou que tinha ido embora. Como não cheguei no horário, mamãe telefonou para o senhor da van; ele disse que não me vira e de fato não me levara. Preocupada, minha mãe telefonou para a escola e disseram que eu saíra; então apavorada, sentindo que algo de ruim acontecera comigo, telefonou para papai. Todos saíram a minha procura. Encontraram meu corpo físico num pequeno matagal, local onde usavam para a "desova de cadáveres", era como eles chamavam esse lugar. Encontraram meu corpo três horas depois de mamãe sentir minha falta.* – Lorena fez uma pausa, não era fácil para a menina contar; entendi que ela desencarnara com oito anos, mas seu espírito era adulto, de muitas experiências.

– *Quando acordei* – continuou Lorena contar –, *estava sendo estuprada, foi um horror. Eles me mataram. Quando meu corpo parou suas funções, adormeci e acordei no Plano Espiritual, no Educandário onde estou, quarenta e cinco dias depois. Isto para que não sentisse as sensações que os encarnados têm quando de uma desencarnação assim de uma pessoa querida. Papai se enfureceu, foi atrás dos que poderiam ser os assassinos. Torturou algumas pessoas e soube quem foram. Foi prendê-los, eles resistiram, sabiam ou calculavam o que iriam sofrer, atiraram e foram mortos. Pelos exames, ficou comprovado que foram eles. Restava pegar a moça que os ajudara, a do cachorrinho. Ele acabou descobrindo quem era, porém, temendo que por esse motivo e sem o flagrante ficasse por pouco tempo presa, armou uma emboscada e ela foi presa em flagrante por assassinato. Ele pediu, trocou favores para que ela tivesse muitas dificuldades na prisão. Ela foi presa por algo que não cometeu, mas fizera muitas coisas erradas anteriormente. Mamãe sofreu muito com meu desencarne, porém não aceitava o que meu pai estava fazendo; resolveu fugir, pediu proteção, contou das agressões que sofria, ficou numa casa, abrigo de mulheres ameaçadas que sofrem violência. Obteve o divórcio, e o juiz determinou que ele não poderia mais se aproximar dela. Na casa abrigo, minha mãezinha fez amizades, e uma delas foi com a mãe dessa menininha que viu, elas estavam também escondidas do marido e pai violento; ela estava com câncer em estado avançado, sabia que logo desencarnaria e de fato isso ocorreu. Esta mulher deu a filha para minha mãezinha porque confiava nela e por não ter notícias do marido, que tanto poderia estar preso ou fugido; este pai não se importava com a filha. Com o divórcio, um promotor chamou a atenção de meu genitor, e ele prometeu não procurar a ex-esposa. Ela veio para cá, para esta cidadezinha onde moram meus avós e dois tios, irmãos dela, que a têm ajudado: arrumou emprego e leciona numa escola na cidade.*

Lorena deu por encerrada sua narrativa; somente se abalou um pouco ao contar a violência que sofrera; vi as cenas que a garota recordara e me comovi pela maldade existente nas pessoas. Ela me olhou, percebeu que eu vira suas lembranças e disse:

– *Resgatei algo que me incomodava. Sofri, perdoei e, se um dia tiver oportunidade, direi a eles que os perdoo. Pensei em ajudá-los, mas eles, no momento, não querem a ajuda que posso oferecer.*

Pensei rapidamente em como poderia ajudar aquela família e fazer o que me fora pedido.

– *Lorena* – decidi –, *ficaremos aqui, pedirei permissão à sua orientadora. Adormeceremos sua mãezinha e, com minha ajuda, vocês duas se encontrarão; você dirá a ela que está bem, feliz e que mora num lugar lindo e que a ama. Nós a acordaremos em seguida e transmitirei a ela energias para se lembrar do encontro. Ela sentirá a certeza de que você está bem. Faremos o mesmo com seu irmão e você pedirá para ele ser obediente, estudioso e bom. Quando orar, Lorena, peça sempre para eles ficarem bem e, quando vier visitá-los, reforce esses pedidos.*

– *Agradeço, Antônio Carlos, quero, sim, fazer isso. Porém...*

– *O que mais, Lorena?* – perguntei.

– *Meu pai. Nas férias, meu irmão foi ficar dez dias com ele. Meu mano gosta de luxo, da casa, porém papai não lhe deu atenção. Ele está namorando, ela também é delegada e, quando brigam, se estapeiam, ela não apanha quieta. Não sei o que acontecerá com esse relacionamento. O que me aflige é que papai tem perto dele um desencarnado que o odeia, um obsessor que o faz ficar irritado e mais violento. Meu irmão se decepcionou, entendeu que aquela casa era boa para se morar, mas com a mamãe. Ele quer que ela volte, está rebelde, não gosta daqui, da escola, e também não quer ficar com papai sem a mamãe. Penso, Antônio Carlos, que, se o senhor afastar o obsessor de perto do meu pai, ele melhorará. Se meu genitor desencarnar como está hoje, penso que será atraído para o Umbral e será castigado pelos inúmeros desafetos que fez. Entendo que na profissão dele deve ser enérgico, mas ele infelizmente se excede.*

Fizemos o que planejamos. A minha pedinte ficou contente com o encontro com a filha, acordou, lembrou, julgou ser sonho, porém sentiu a certeza de que sua menina estava bem. O garoto escutou a irmã, ficou feliz em revê-la e prometeu tratar a mãe melhor e não pedir mais para ela voltar com o pai.

A acompanhante de Lorena chegou, a garota despediu-se de mim com um abraço carinhoso, e as duas retornaram ao Educandário. Fui visitar o pai dela; assim que o vi, percebi que estava doente e que ele o sabia pelos exames que fizera, mas não acreditava na gravidade. Pensei, assim que vi Nardo, em ajudá-lo e fazer o que Lorena e a mãe me pediram. Eu o esperei sair da casa do seu desafeto e o abordei para perguntar onde ficava a praça que costumava ir. "Sei onde é, por coincidência estou indo para lá. Venha comigo!" Nardo quis fazer um favor a um ser que julgava igual a ele, que vagava. Foi assim que eu fiquei com ele e quis sentir o que aquele desencarnado obsessor sentia.

– *O que aconteceu com os envolvidos?* – Clara quis saber.

– *Lorena me agradeceu e ficou contente com o que eu pude fazer por eles. Mas ela sabe que precisará visitá-los mais vezes, ter outros encontros com eles adormecidos, tentar fazer o irmão pensar em coisas boas e reforçar para que sua mãe acredite que esteja bem. Quanto ao genitor, ele plantou, continua plantando a erva ruim das ações maldosas e as colherá. A enfermidade irá se instalar aos poucos no seu corpo físico. Quem sabe isso o fará repensar em seus atos equivocados? Lorena sabe também que ele pode ser novamente obsediado por outros desafetos. Nardo está contente onde está. Fui visitar, e muitas vezes, a esposa dele e o filho encarnado. A religião que essa senhora dizia ter, porém não frequentava, afirma erroneamente que suicidas vão para o inferno. Tentei e consegui que a esposa de Nardo fosse a um pequeno centro espírita, no bairro que mora, que mistura Kardecismo, Umbanda e Candomblé, e lá escutou e aceitou que seu menino não foi para o inferno. Ela passou a pensar nele bem e no marido também, e isso os está ajudando. Tentei fazer o outro filho ser honesto; está difícil, mas ele tem ajudado outras pessoas. Como tirei o filho de Nardo do vale sem ele estar receptivo ao socorro, fiquei responsável por ele; César assumiu esse compromisso para mim. Quando César voltou do vale, decidiu trabalhar neste socorro: fará um estágio no hospital da colônia, depois irá para o posto de socorro no vale e depois, com certeza, será um laborioso socorrista no Vale dos Suicidas.*

– Não precisa falar o que Nardo perdeu! – opinou Clara. – *Ele perdeu o convívio com aqueles que ama.*

– De fato – concordei. – *Nardo, como muitos, em vez de se melhorar para ajudar aqueles que ama e por quem é amado, de se preocupar com o filho desencarnado, com o outro e com a esposa, foi se preocupar com aquele que não gostava.*

– Como pode? – Urbano admirou-se. – *A família lhe daria muitas preocupações e trabalho, porém também o prazer e a alegria de saber deles.*

– Que perda! – exclamou Clara.

– Você irá contar a Nardo o que aconteceu? Quem é? – perguntou Eulália.

– Não vou. Sei de Nardo, o dirigente do posto de socorro onde está tem me dado notícias. Meu amigo está gostando, fazendo pequenas tarefas e estudando. Não tenho planos de visitá-lo. Penso que, se ele souber quem sou e por que estava perto dele, se sentirá enganado. Fui, para ele, aquele a quem auxiliou. Quero que ele continue pensando assim, ele ficou contente por me ajudar e, de fato, o fez. Nardo não saberá, para ele serei o Tonho, o Toninho, que ficou aqui e, como ele, melhorará.

– Antônio Carlos, como foi para você ficar perto de Nardo e sentir suas sensações? Conte para nós – pediu José.

– Quando me aproximei de Nardo, ele estava perturbado, porém conseguia pensar que tinha de castigar seu desafeto. Não fiquei perturbado, mas senti a agonia dele, a inquietação,

as necessidades como se estivesse encarnado. É um sofrimento inquietante em que nada estava bom. Acabei passando para ele meu equilíbrio, e Nardo pôde raciocinar melhor. Rancor, mágoa, raiva e ódio são sentimentos que desequilibram tanto aqueles no corpo físico como os que vestem o corpo espiritual. Nardo sofria e por isso sentia mais raiva do seu obsediado e o culpava. Não conseguia entender, penso que todos os obsessores não conseguem compreender que estão sofrendo ao fazer alguém sofrer. Normalmente colocam a culpa no outro. Não pensam, não querem pensar na culpa que tiveram ou que têm e que estão sofrendo porque obsediar é errado. Devemos pensar sempre na nossa responsabilidade num acontecimento. É, de fato, bem mais fácil culpar outros que assumir os nossos erros. Meu amigo sofria porque queria se vingar, castigar aquela pessoa, e a culpava de tudo que de ruim lhe acontecera e acontecia. Sentir os conflitos de Nardo, sua perturbação, seu sofrimento foi uma experiência que me fez compreender mais aqueles que obsediam, amá-los, porém não aceitar o que fazem. Sentir as sensações de um desencarnado obsessor é com certeza algo que não esquecerei.

– Com certeza – disse Eulália – *a mãe de Lorena terá, como todas as mães, preocupações com o filho e com a menininha adotada, com finanças etc. Tomara que consiga superá-las. O pai dela talvez seja obsediado novamente. E aí, Antônio Carlos, se lhe pedirem, Lorena ou a mãe dela, para interferir novamente, o que fará?*

– É difícil – respondi após refletir por uns breves instantes – *dizer algo que não foi cogitado. Foi me pedido algo e pude ajudar. Lorena, com certeza, depois de mais tempo desencarnada, entenderá que seu genitor tem uma colheita nada agradável pela frente. Talvez, se houver um outro pedido, a Casa do Escritor resolva ou o departamento próprio, mas, se couber a mim tentarei ajudar, mas não da mesma forma. Foi uma experiência*

em que aproveitei para aprender e não pretendo passar por ela novamente. Só tenho, após uma tarefa, agradecer pela oportunidade de trabalhar, servir, aprender e amar.

– *Mais um caso resolvido!* – exclamou Clara.

Este trabalho foi encerrado.

SEXTA HISTÓRIA

1º CAPÍTULO

Juliana foi à reunião pública no centro espírita. Uma prima a levou. Tinha trinta e quatro anos, era bonita, porém seu estado perturbado e sofrido a fez descuidar de sua aparência e, pelos muitos remédios, estava acima do peso. Assim que entrou na casa, chamou atenção da equipe desencarnada. As primas se acomodaram, e a moça que acompanhava Juliana, vendo que ela estava quieta, levantou-se, aproximou-se de Leonardo e pediu:

– Minha prima está passando por muitas dificuldades, médicos consultados diagnosticaram uma depressão profunda; embora eu não seja médium, sinto perto dela algo de ruim. Hoje a trouxe para receber o passe.

A moça não sabia explicar o que acontecia e o que queria para a prima. Leonardo entendeu.

– Devolva a ficha dela. Tome passe você; quando terminar a reunião, depois que fizermos a oração final, permaneçam sentadas, irei chamá-la e a encaminharemos à sala de passes.

José, Eulália e eu nos aproximamos de Juliana e vimos que ela estava com sete ovoides ligados nela por fios finíssimos.

– *Com certeza* – opinei – *o tratamento médico lhe dá um pouco de alívio, mas, não a curará.*

– *O que iremos fazer?* – indagou Eulália.

– *No passe* – respondi –, *com a energia dos passistas, desligaremos esses dois que estão mais fáceis. Pelo que estou vendo, somente um desencarnado a vigia, e ele não está aqui.*

Como a palestra ia começar, ficamos nos nossos lugares atentos a Juliana, que cochilou muitas vezes, e os ovoides permaneceram como costumavam ficar, não houve alteração.[1]

De uma maneira sutil e com maldade, alguns desencarnados, que, infelizmente, usam seus conhecimentos para o mal, fazem esse processo: colocar perto de encarnados ovoides para causar sofrimento naqueles que querem prejudicar. Como vimos nas definições da nota, desencarnados que estão no momento dessa forma são encontrados normalmente em pontos de difícil acesso nos Umbrais. Quando socorridos, são levados para hospitais no Plano Espiritual e a determinadas colônias, pois não são todas as que têm estrutura para dar esse socorro, para receberem cuidados e ajuda especializada. Normalmente desencarnados moradores de cidades Umbralinas que imprudentemente

---

[1] N. A. E.: No livro *Libertação*, psicografado por Francisco Cândido Xavier, sendo o autor André Luiz, temos, no capítulo seis, a definição de "ovoides": "são esferoides vivos, tristes mentes humanas sem apetrechos de manifestação". Também pelo mesmo autor e médium, com Waldo Vieira, na obra *Evolução em dois mundos*, resumindo explica: "submergindo-se lentamente na atrofia das células que lhe tecem o corpo espiritual, (...) pelo pensamento fixo-depressivo (...) o desencarnado perdeu seu corpo espiritual, transubstanciando-se num corpo ovoide".

fazem ações ruins não se interessam por esses ovoides, mas há os que sabem manuseá-los e aí são pegos. Sabem porque estudaram, têm conhecimento e fazem experiências sem nenhuma compaixão. Alguns são chamados de "químicos", "cientistas", nomes acadêmicos. Quando usam desse processo para obsediar, o fazem sem esforço. Além de usar dos ovoides fazem também uso de aparelhos que colocam naqueles que querem prejudicar. Não é fácil fazer ligamentos de ovoides nem desligá-los.

Quando Juliana entrou na sala de passes, a equipe encarnada e a desencarnada a rodearam. A médium Isabel sentou-se ao lado de Juliana e, com nossas energias, o desencarnado que a vigiava e que estava no lar dela foi atraído até nós. Veio sem entender como e por quê. Não demos tempo para ele compreender; aproximou-se de Isabel e Leonardo, que, instruído por José, ordenou:

– Depois converso com você!

Nós o adormecemos e o afastamos. Naquele atendimento, não cabia dialogar com um espírito como ele, teria de ser no trabalho de orientação a desencarnados ou desobsessão.

Como previmos, conseguimos, com muito cuidado, desligar somente dois desses espíritos sofridos e infelizes.

A recomendação dos encarnados à Juliana e à prima foi que ela deveria voltar mais vezes, para que orasse, fizesse leituras do Evangelho e continuasse o tratamento médico. As primas foram embora e logo todos os encarnados saíram. A equipe se reuniu.

Os dois desencarnados que estavam naquele momento como ovoides, que foram por nós desligados, os colocamos em caixas confortáveis, eles seriam levados para um hospital de uma colônia. O desencarnado vigia que trouxéramos, para ele não se comunicar, transmitir por pensamento a seu chefe que fora preso e que Juliana estava recebendo ajuda, continuaria adormecido.

– *Não podemos ficar com esse espírito aqui no posto, ele pode acordar* – opinou José.

– *Pelo que senti, entendi* – disse –, *esse vigia é um simples serviçal que somente vigia Juliana e os ovoides: são estes que inconscientemente a prejudicam. Certamente ele faz um relatório de tempo em tempo, que pode ser diário, semanal, dos acontecimentos a quem fez esse processo ou ao obsessor. Ele, não dando o alarme, poderemos retirar dela todos esses sofridos desencarnados e socorrê-los. Vou levar esse espírito vigia a uma colônia onde ficará num quarto incomunicável em que não conseguirá receber ou transmitir mensagens e tentaremos depois convencê-lo a aceitar nossa ajuda.*

– *Eu* – decidiu José – *e Urbano levaremos esses irmãozinhos à colônia, vou me comunicar com os trabalhadores do hospital por pensamento e depois iremos. Pedirei para Áureo, um espírito de muitos conhecimentos nesta área, para nos auxiliar a retirar os outros ovoides de Juliana.*

Fomos fazer nossas tarefas, nos encontramos duas horas depois e tivemos a agradável surpresa de receber a visita de Áureo, que viera nos orientar. Nós o abraçamos; Áureo, simples e amoroso, nos cumprimentou sorridente. José explicou a ele o que acontecia e, após escutar atento, decidiu:

– *Vamos ao lar dessa moça; depois de examiná-la, tentarei desligar esses espíritos e os levarei para o hospital que trabalho.*

Fomos Áureo, Eulália, Urbano, José e eu. Eulália já tinha ido ao lar de Juliana e verificado se realmente não havia mais nenhum desencarnado vigia lá; não encontrou ninguém, somente os encarnados moradores. Quando chegamos, a obsediada, sob o efeito dos fortes medicamentos, estava dormindo; seu espírito debilitado e confuso também dormia. Rodeamos seu leito, e Áureo, tranquilo, sereno e calmamente, fazendo um trabalho delicado e nos ensinando, foi desligando aqueles ovoides que estavam ligados à mente da encarnada. Não posso contar, não tive permissão para descrever este trabalho delicado, que requer conhecimentos e muito, mas muito mesmo, amor. Porque quem sabe desligar sabe ligar. Infelizmente, é um conhecimento que se usa para fazer caridade, mas também maldade. Com cuidado para não danificar mais ainda o físico de Juliana e também para não causar mais padecimentos àqueles desencarnados, que estavam no momento como ovoides, pelas atitudes deles mesmos, Áureo os foi desligando.

Nenhuma atitude, ação externa, faz um espírito se tornar um ovoide. Tenho visto, sabemos que muitos desencarnados se transformam, perispíritos mudam de forma, muitos para ficarem exóticos, parecendo animais etc. E quem sabe pode transformar os outros. Mas fazer alguém ser ovoide é muito difícil e, se isso ocorrer, essa transformação não dura muito, é passageira. Duradoura mesmo é quando o próprio espírito se transforma.

Tentamos auxiliar Áureo, que, com carinho, pegava cada um deles, após desligá-los, como se fosse um filho querido e os colocava numa caixa para serem transportados. Quando terminou, decidiu:

— *Vamos agora doar energias benéficas a essa moça que provavelmente sentirá falta deles, porque há meses estava sendo vampirizada intensamente; a medicação que faz uso com certeza ficará excessiva. Peço que um de vocês venha visitá-la, insistir com ela para receber passes, as energias benéficas do passe a auxiliarão muito. Vamos agora ao centro espírita, lá irei acomodá-los melhor para levá-los ao hospital.*

No posto de socorro, Áureo os acomodou para que ficassem bem na caixa. Recomendou-nos:

— *Vocês devem ficar atentos: com certeza esse desencarnado que fez isso, se ele não for o obsessor, fez a mando, atendendo o pedido de quem a persegue; devem ter erroneamente seus motivos, não irão gostar de nossa intervenção e podem vir ver o que aconteceu e atacá-los.*

Escutamos atentos as recomendações, agradecemos, despedimo-nos, e Áureo foi com os socorridos para o hospital.

– *Fiquemos atentos* – pediu José –, *como nos recomendou Áureo.*

2º CAPÍTULO

Juliana voltou ao centro espírita para receber passes e, na semana seguinte, foi na segunda-feira, na terça-feira e no sábado. Estava se sentindo melhor, o médico diminuíra as dosagens dos remédios e receitara vitaminas. Mais tranquila, já mudara a expressão, se arrumara, ia à casa espírita para receber o passe, esforçava-se para prestar atenção nas palestras, mas não estava interessada, queria receber o passe e se livrar de seu sofrimento. Aguardava ansiosa o momento de ir embora. Educadamente respondeu, quando Leonardo a indagou como estava, que melhorara e agradeceu.

Como prevíamos, na reunião pública de segunda-feira, e quando Juliana estava, quatro desencarnados moradores do Umbral foram ver o que acontecera com aquele que vigiava Juliana, por ele não ter dado mais informações, não ter atendido o chamado. Foram, a mando do obsessor, verificar o que ocorria, pensaram na obsediada e a encontraram no centro espírita. Os quatro não entraram, isto somente ocorreria com permissão de José. Da rua viram-na, e sem os ovoides. Informaram mentalmente o mandante e receberam ordem para invadir, bagunçar o local e retirar a obsediada de lá. Assim que resolveram entrar, foram por nós imobilizados e levados para um cômodo no posto de socorro, onde ficaram presos.

A palestra terminou, as pessoas saíram e ficaram os médiuns que trabalham na orientação aos desencarnados, na desobsessão. Tínhamos, para aquele trabalho, os necessitados já programados para receber orientações, esclarecimentos e ajuda; José reprogramou tudo para que os quatro também recebessem orientações.

Os trabalhos começaram e, como sempre, com ordem, disciplina e muito amor. José os buscou, estavam bravos e, como quase sempre acontece, ameaçaram. Com ameaças, julgam impor medo; às vezes dá certo, mas não em grupos sérios, que têm Jesus como o modelo a ser seguido; então as ameaças são em vão. O médium Cristiano deu a comunicação através da sintonia mental a um deles. Estes desencarnados não esperavam ser rendidos, ficaram assustados pela facilidade com que foram presos e por todos seus apetrechos terem sumido. O que deu manifestação estava, quando chegou, com um chicote de pontas, facas e um adereço na cabeça muito exótico. Ele sabia que era possível esta comunicação, mas nunca havia acontecido com ele. Por mais que se esforçasse, não conseguiu sair de perto do médium, sentiu-se preso pelas energias de Cristiano. Também se esforçou muito para então usar do médium para fazer a bagunça, como lhe foi ordenado. Pensou: "*Vou derrubar cadeiras, jogar a mesa nos encarnados, derrubar a estante de livros"*. Mas nada, ele não conseguiu nem levantar o médium nem fazê-lo falar alto. Então temeu o castigo que receberia por não ter conseguido cumprir a ordem. Resolveu responder o cumprimento.

– *Boa noite!*

Eu, Antônio Carlos, através da médium, conversei com ele.

– *Você está entre pessoas sérias, que amam a Deus e ao próximo. Aqui não poderá bagunçar.*

– *Devolvam minhas coisas. É assim que são bons? Pegando coisas dos outros?*

– *Seus pertences estão conosco, guardados ali, são de fato seus. Foram tirados porque queríamos conversar com você e não precisa aqui deles, não lhe servirão para nada. Lembro-lhe: você e seus companheiros é que vieram aqui.*

– *É porque ela veio. O que vocês fizeram a ela?*

– *Como todos que buscam ajuda nesta casa, tentamos auxiliá-la* – respondi.

– *Não é para ajudá-la, ela não merece* – argumentou ele através do aparelho vocal do médium.

– *Fazemos como Jesus, não negamos socorro a ninguém. Convido você e seus companheiros a conhecer outra maneira de viver.*

Os outros três estavam imobilizados, também sem seus apetrechos, perto e ouvindo tudo, mas não conseguiam falar. Pensaram em enganar, fingir concordar, saírem dali; tinha, porém, um detalhe: não cumpriram a ordem e temiam as consequências.

Argumentei com eles, mas somente o que estava perto do médium Cristiano respondia.

– *Não tem medo da colheita de sua plantação? Como será sua reencarnação?*

São fatos que sabem, porém evitam pensar e deixam para o futuro, mas este futuro se torna um dia o presente. Mostrei a eles, em vídeos, nosso posto de socorro, uma colônia. Ele, como os outros, acharam bonito, porém lá não tinha o que gostam, tudo o que viram era agradável, mas não para eles.

Muitos desses desencarnados fazem de atos externos que lhes dão prazer sua forma de viver, porém muitos, com o tempo, sentem-se vazios; interiormente são infelizes porque não conseguem se harmonizar, valorizam atos externos, e estes são incertos. Alertei-os do castigo. Por que tinha de ser assim: cumprirem ordens e, se não conseguissem, serem punidos? O medo de voltarem fracassados pesou.

A maioria desses espíritos acredita não ter opção, porque não podem desertar e, por medo, continuam fazendo ações erradas, cumprindo ordens, mas, infelizmente, há os que gostam de viver assim e desfrutar das sensações dos encarnados. Porém se cansam, a insatisfação incomoda. O que falava comigo e um outro resolveram ficar conosco. Voltariam ao cômodo, conversaríamos novamente com eles. Um deles estava ciente de que não se renderia, acreditava que poderia voltar e, ao contar o que vira, não seria castigado. Aproximou-se da médium Isabel, e o outro, de Dandara; Leonardo conversou com um deles, e eu, através da médium Vera, com o outro, com aquele que estava certo de voltar. Não aceitou nada do que ouviu. Disse a ele:

– Preste atenção no que estava vendo aqui, o que acontece neste lugar; se quer voltar, pode ir e conte a seu chefe tudo o que presenciou aqui.

– Ele não é o chefe, porém penso que manda no chefe, ele é o Químico, trabalha no laboratório na nossa cidade. Ele faz muitos favores para os moradores de nossa cidade, para outras cidades e também para aqueles que fazem maldades para os encarnados, como macumba, feitiços etc. Com o trabalho dele, nós recebemos muitos agrados e ficamos contentes. Vocês não podem com ele porque o Químico sabe das coisas. Quando ele quer algo, o chefe faz. Vocês não deveriam ter mexido com o

desafeto dele. Penso que tudo ficará bem se vocês nos devolverem o que estava com ela e não a ajudarem mais.

– *Não faremos isso* – fui categórico.

– *Posso ir embora?*

– *Sim, pode. Ali estão seus objetos, pegue-os e saia. Porém, se mudar de ideia e quiser nossa ajuda, peça. Vá com Deus, que o Pai o abençoe.*

Ele rapidamente se afastou da médium, pegou suas coisas e volitou.

Os três ficaram no cômodo. O que foi embora não sabia que no seu capacete estava um aparelho nosso e por ele veríamos o que aconteceria com ele.

Com o trabalho de orientação aos desencarnados terminado, Eulália e outros servidores do posto foram cuidar dos muitos necessitados que foram socorridos naquela noite. José e eu fomos conversar com os três. Vi, pelo transmissor, pequeno aparelho, o que acontecia com o quarto. Ele volitou rapidamente, entrou na cidade Umbralina e foi a uma determinada parte, era aguardado por um desencarnado que percebi que era o Químico, o obsessor de Juliana. Ele contou o que ocorrera. Embora o obsessor estivesse descontente com o que ouvira, não demonstrou, era um ser frio. Chamou o chefe e disse somente: "*Ele não cumpriu minha ordem, tentou se justificar, mas não fizeram nada a ele, não tem nenhum arranhão. Castigue-o!*". Dois serviçais o pegaram, foi levado para a masmorra e foi castigado. Umbralinos usam muito do castigo, tortura e julgam que outros grupos como o nosso, equipes sérias que trabalham em nome de Jesus, agem como eles. Como viu que esse espírito retornou ileso, entendeu que ele não lutara; de fato não o fez porque não teve oportunidade, não conseguira. Coloquei as imagens num telão do cômodo onde os três estavam. Eles viram, apavorados, o que acontecera com o companheiro. Quando a tela se apagou, José disse:

– *Amigos, como se pode viver assim? Vocês ficaram conosco e agora viram o que aconteceu com aquele que voltou.*

– *Vimos e nos certificamos de que é verdade. Ali de fato é a nossa cidade, aquele é o chefe e o outro é o Químico. Eles virão nos pegar.*

– *Não precisam temer* – José se apiedou deles. – *Conosco estarão seguros. Convido-os a ficar e, com nosso auxílio, a tentar se melhorar, a se tornar seres bons, a aprender para ser úteis, ajudando os outros e não mais os maltratando. Se realmente quiserem, os levaremos para um local onde não serão localizados.*

– *Você* – disse apontando para um deles – *tem um aparelho transmissor e receptor. Provavelmente alguém de sua cidade o encontrará facilmente se você sair daqui e for para outro lugar. Aqui eles não conseguem fazer funcionar este aparelho sem a nossa permissão.*

Ele se espantou, não sabia, mostrei o aparelho. Tirei o aparelho que estava abaixo de sua orelha direita. Ficaram preocupados, não queriam ser encontrados. Aceitaram nossa ajuda mais por medo. Porém, como sempre acontece nestes socorros, eles resolvem mudar realmente a forma de viver depois de frequentar cursos numa colônia escola. Os três foram levados do posto, foram para uma colônia.

Começou o ataque, o chefe desta cidade mandou seus servidores atacarem os médiuns da casa. Vieram, foram doutrinados e convidados a ficar conosco; os que não aceitavam poderiam sair, e os que saíram, por medo, não retornaram à cidade. Numa reunião, nos trabalhos de desobsessão o chefe mandou muitos escravos, desencarnados machucados, perturbados e muito sofridos. O socorro foi intenso. Os médiuns Gisela, Cristiano, Helena, Diany, Dandara, Paula, Regiane, Isabel, os doutrinadores e os que sustentam, Fernanda, Ana Cláudia, Denise, Lurdinha, Maria Inês, Marisa, Ricardo, Silvia, Sueli, Claudio, Elisabeth, Mirian, Vinícius e Leonardo, trabalharam incansavelmente. Foi gratificante o resultado. Na segunda reunião, novamente recebemos muitos sofredores. Eulália e equipe foram dando a eles os primeiros socorros; entendemos que esse chefe Umbralino usava desta estratégia para nos distrair e atacar. Pedimos reforços, e esses necessitados foram sendo levados para outros postos de socorro. Foram auxiliados sem o auxílio mediúnico. Convidei mentalmente o Químico a vir nos visitar. Ele veio.

Por vídeos, por ver em aparelhos de seus servidores que vieram ao centro espírita e voltaram, ele sabia de tudo o que acontecia conosco, com os encarnados que ali frequentavam, os trabalhadores desencarnados e como era o local.

Foi atraído para o médium Cristiano e educadamente respondeu a saudação de "boa noite". Observou tudo, me encarou e sorriu com desdém ao ver o trabalho de Eulália. Pensou: "*Por que ela cuida destes imprestáveis?*".

– *Por amor* – falei.

– *Lê meus pensamentos?*

– *Está gostando do que vê?* – não respondi sua indagação e perguntei.

– *Não estou gostando de nada. Você é o famoso Cabeça Branca?* – Cristiano fielmente repetia o que o Químico dizia.

– *Às vezes sou chamado assim, porém não sou famoso. Não queremos briga nem afrontar ninguém, não fomos à sua cidade. Você que nos tem atacado. Por quê?*

– *Não seja sarcástico perguntando o porquê. Desafiaram-me quando desfizeram algo que fiz. Pegaram e sumiram com alguns dos nossos servidores.*

– *Convido-o a mudar a forma que vive e ficar conosco. Você tem visto como trabalhamos. Seguimos os ensinamentos de Jesus. Não quer fazer algo diferente, ajudando ao invés de prejudicar?*

O médium Cristiano transmitiu somente um risinho, mas ele gargalhou, assustando outros desencarnados que ali estavam, moradores, como ele, da cidade do famoso faz-tudo do laboratório. Ele fazia aparelhos, preparava porções de larvas que eram levadas para um local onde encarnados imprudentemente faziam maldades. Bastou vê-lo para saber o porquê de ele perseguir Juliana. Os dois, por muitas reencarnações, discordaram e mudaram de lado, ora obsessor, ora obsediado, e, se reencarnassem juntos, tornavam-se inimigos. Este desencarnado, o obsessor, que gostava de ser chamado de Químico, era estudioso, sempre gostou de aprender, fora químico na sua última encarnação. A forma de vida que estava tendo começou a cansá-lo e quis mudar. Decidiu colocar um fim nesta desavença que muito o fez sofrer. Juliana estava encarnada, encontrou-se com ela, com seu espírito afastado do físico enquanto este dormia, pediu perdão e paz, ela não aceitou. Ele estava disposto a mudar, resolver essa discórdia e planejou fazê-lo reencarnando como filho dela. Pensou: "*Terminarão nossas desavenças: como mãe, ela me amará, e eu, como filho, a amarei*". Porém Juliana não o aceitou, abortou-o numa repulsa, não queria filhos, muito menos aquele. O Químico então resolveu continuar a vingança. Não se aproximou mais dela, não queria dispor de seu tempo, tinha muito para fazer e também porque ela lhe causava nojo. Colocou os ovoides ligados à sua mente, eles fariam inconscientemente para ele o que desejava: deixá-la fraca, doente e débil mentalmente.

Não deveria demorar com a nossa conversa porque ele se comunicava através do médium e eu também, pela manifestação mediúnica, por outra médium.

– *Esqueça!* – ordenei com firmeza, porém com amor. – *Quero tirar seus conhecimentos! Esqueça!*

Usei do hipnotismo. Consegui porque o Químico estava cansado; se havia antes desejado largar tudo para reencarnar, queria mudar a forma de viver e não estava encontrando como fazê-lo.

Essas equipes de desencarnados trevosos agem como equipes encarnadas. Com certeza os encarnados trouxeram conhecimentos do período desencarnado ou foram intuídos. O fato é que agem parecido. Quando imprudentemente fazem parte desses grupos, se não fazem o que lhes foi ordenado, são castigados. Se traem ou desertam, são normalmente torturados e mortos. Desencarnados, como estão mortos no físico, são torturados. Muitas vezes desencarnados continuam na equipe por não saberem como sair.

Levamos o Químico adormecido para o interior do posto e, assim que foi possível, para um local seguro; estava esquecido e tranquilo.

Quando o chefe da cidade soube do ocorrido, que ficara conosco o seu servidor faz-tudo, aquele que trabalhava no laboratório, ficou furioso e atacou o grupo de encarnados. Foi muito trabalho. Esse chefe Umbralino mandou escravos para nos perturbar, foram socorridos, nosso espaço no posto de socorro não foi suficiente, foram para outros. Servidores deles, como diziam "empregados", foram doutrinados, foi-lhes oferecido socorro, ajuda; uns aceitaram, outros não. O quarto, o que primeiro voltara, eles o soltaram para ajudar a atacar o grupo, mas, assim que foi possível, ele nos pediu abrigo.

Convidei mentalmente o chefe para vir falar conosco, ele veio. Isabel deu passividade à sua manifestação.

Ele queria seu químico, não se conformava em perdê-lo. Não tinha mais quem trabalhasse no laboratório. Falei a ele que aqueles que quisessem ficar conosco ficariam. Mostrei por vídeos o Químico, que estava numa colônia escola e que, naquele momento, estava num jardim vestido com roupas diferentes. Esse chefe pôde perguntar a ele se queria voltar. O Químico, que agora era chamado pelo seu nome, respondeu que não, que estava bem.

Propus a ele encerrar esta discórdia. Ou ficasse conosco ou voltasse à sua cidade e não nos atacasse mais. Ele escolheu voltar para sua cidade com aqueles que queriam segui-lo.

Ele voltou com um pequeno grupo, os que quiseram ir com ele. Saiu do centro espírita, retornou ao Umbral.

De fato ele cumpriu o acordo. Embora ele tenha ficado sem o Químico, o que foi uma perda enorme, porque não é fácil encontrar alguém com muitos conhecimentos, resolveu continuar na sua cidade e pegar outros escravos.

O ataque cessou, e tudo voltou à rotina de trabalho.

3º CAPÍTULO

Reunimo-nos para comentar esta obsessão. Primeiro foi Fátima quem contou:

– *Como fui encarregada de visitar Juliana, fiz um relatório de minha tarefa. Logo que ela melhorou, não quis vir mais aqui, veio somente mais duas vezes e...* – Fátima, que é muito delicada, estava escolhendo as palavras para narrar o acontecido.

– *Fale, Fátima* – pediu Eulália –, *por favor, não se trata de fofoca, os fatos têm de ser descritos nestes trabalhos como são.*

– *Juliana não é uma pessoa fácil* – Fátima resolveu acatar os conselhos de Eulália. – *Não é religiosa, não ora, é invejosa, fofoqueira, deseja coisas más para as pessoas. Sofreu, revoltou-se e piorou sua situação. Com a retirada dos ovoides, seu obsessor a deixou de lado para se defrontar conosco, pensando em voltar a castigá-la depois. O sofrimento não a mudou; rancorosa, deseja para outros o padecimento que passou. Quando melhorou, foi convicta em afirmar que foi pelo tratamento médico e até xingou a prima por tê-la trazido aqui, num local pobre, simples, e se aborreceu ao pensar no que as pessoas iriam falar dela se soubessem que veio a um centro espírita. Essa moça não tem intenção de voltar aqui.*

– Não vamos mais visitá-la – determinou José. *– Infelizmente, isso acontece muito, pessoas virem pedir ajuda, receberem e não voltarem mais; algumas, como Juliana, dizem que melhoraram da saúde, da situação difícil, por outros motivos. Isso, para nós, não importa. Não cobramos nem "obrigado" dos beneficiados. Mas muitos dos pedintes que recebem, agradecem: uns tornam-se espíritas, outros continuam em suas religiões, mas têm consciência de que foram auxiliados em um centro espírita. Seguimos a orientação de Allan Kardec, que nos ensina no livro O Evangelho segundo o espiritismo, capítulo 13, "Que nossa mão esquerda não saiba o que faz nossa mão direita", item 20. Respondendo uma pergunta, Kardec escreveu: "Pois é principalmente o espírito de seita e de grupo que é preciso eliminar, porque todos os homens são irmãos (...), socorre aquele que está necessitado".*

– Que coisa! – exclamou Clara. *– Tivemos, por causa dela, um ataque em que os trabalhos nas enfermarias se multiplicaram, os encarnados sofreram com eles querendo prejudicá-los, uns tiveram insônia, outros sentiram vontade de não vir mais aqui. Juliana –* Clara suspirou *–, a obsediada, perdeu uma grande oportunidade de se melhorar com o sofrimento.*

– Nenhum dos médiuns da casa deixou de vir – informou José. *– Penso que todos saíram fortalecidos e com vontade*

de ser mais úteis, todos nós ganhamos experiências. Quanto à moça que foi obsediada, perdeu realmente a oportunidade de ser religiosa, grata, de conhecer a Doutrina Espírita. E como Clara diz: "Que grande perda!". Também perdeu a oportunidade de se reconciliar quando seu desafeto quis fazer as pazes. Se tivesse se reconciliado com ele, não teria sofrido esta obsessão.

– Ela não aproveitou, foi beneficiada, e nós sofremos um ataque por ela – Clara suspirou lamentando.

– Clarinha – José, amoroso, quis ensiná-la –, *pense naqueles espíritos que estavam ovoides que foram socorridos e nos escravos que foram ajudados. Como foi importante este socorro!*

– Eu não tinha ainda visto ovoides, fiquei impressionada – disse Clara. – *Você tem razão, José: foi muito proveitoso o trabalho desta obsessão. Aprendi muito!*

– Sempre aprendemos – falou Eulália. – *Quero informá-los que, na tentativa de tumultuar os trabalhos de desobsessão, o chefe dessa cidade Umbralina mandou para nós muitos desencarnados sofredores que serviam como escravos, que estavam presos, alguns em situações angustiantes. Todos foram socorridos, outros postos de socorro nos ajudaram e eles foram transferidos e cuidados. Informo-lhes que sessenta e cinco por cento foram receptivos ao socorro e ficaram conosco ou nos locais para onde foram, com vontade de se melhorar interiormente e aprender a ser úteis. Alguns desses trinta e cinco por cento, ao se sentirem bem, saíram, queriam continuar vagando ou voltar para o Umbral, houve até uns que quiseram se vingar daqueles que os fizeram escravos. Saíram, porém agora sabem que existe outra maneira de viver. O importante é que foram todos auxiliados.*

– Receptivos? Eulália, me explique! – pediu Clara.

– Quando um desencarnado, esteja onde estiver, chama com sinceridade por socorro e arrependido de seus atos equivocados, socorristas vão até ele, às vezes não de imediato, conforme

o local em que esteja demora um pouco, mas são ajudados. Quando ocorre um socorro sem os necessitados pedirem, dizemos que não foram receptivos, não chamaram por auxílio, não pediram. Foi isso o que ocorreu, eles foram trazidos sem pedir, mas todos receberam os cuidados necessários. E em socorros assim, alguns não querem e não ficam, não aceitaram mudar a forma de pensar e não quiseram viver com as normas dos nossos abrigos.

– *E o Químico? O que aconteceu com ele?* – quis Urbano saber.

– *Está numa colônia escola* – dei-lhes a notícia –, *onde espíritos que estiveram por um tempo fazendo o mal são abrigados para um estudo diferenciado. Está relativamente bem, não quer se recordar, recusa-se a lembrar do mal que fez. É inteligente, porém se esqueceu das fórmulas que tanto usou e de como fazer aparelhos e os colocar. Além do estudo obrigatório, ele tem ido muito à biblioteca, lê e estuda livros de química, está reaprendendo, e espero, desejo mesmo, que ele use de seus conhecimentos para o bem. Não fala de sua obsediada, parece que Juliana nunca existiu para ele. Penso que no futuro ele se recordará dela, porém espero que, quando ele o fizer, tenha entendido, pelo estudo que está tendo, da necessidade de perdoá-la. Quer reencarnar, porém foi aconselhado a se preparar e, quando ele voltar ao Plano Físico, o fará longe de seu desafeto.*

Fiz uma pequena pausa, voltei a falar, mas mudei de assunto.

– *Fomos, Huberto e eu, a convite de Áureo, visitar a Colônia Novo Mundo, o hospital, a ala que ele trabalha com os ovoides. Não são todas as colônias que têm esse atendimento, são poucas no Brasil e pelo mundo. Eles têm de receber um atendimento especial. Como a região de nosso posto de socorro não tem, quando necessitamos, pedimos auxílio ao mais próximo. O local, muito organizado, como todos os hospitais do Plano Espiritual, é silencioso; em horários determinados, ouvem-se músicas suaves, e, duas vezes por dia, por trinta minutos, intercalando voz feminina e masculina, são feitas leituras edificantes e fáceis dos Evangelhos ou de temas otimistas, falando de amor, dos ensinos de Jesus. Áureo nos recebeu e nos acompanhou na visita; gentil, nos mostrou tudo e explicou: "Temos aqui três alas (nem todos os locais desses atendimentos são iguais): a primeira é para os recém-socorridos e os que estão mais necessitados; à medida que vão melhorando, passam para a segunda ala; depois, para a terceira, e de lá, normalmente, sem ser regra geral, vão para os departamentos da reencarnação para voltar ao Plano Físico. Os que estão nas primeira e segunda alas ficam em câmaras e são higienizados e alimentados com todo carinho. Os da terceira ala estão mais recuperados; ainda são higienizados e alimentados, mas já começam a fazer isso sozinhos.*

– *Que experiência fabulosa!* – exclamou Clara me interrompendo.

– *De fato, é um trabalho abnegado* – afirmei e continuei contando. – *Áureo higienizou um para Huberto e eu vermos. Com delicadeza e muito amor, ele passou as mãos sobre ele, que serenou. Saíram dele miasmas escuros e fétidos, limpou-o com panos limpíssimos que rapidamente ficaram sujos. "Aqui também faltam servidores?", quis saber. "Sim", respondeu Áureo, "embora trabalhemos, a equipe, em tempo integral, o trabalho é muito; eu somente me ausento daqui quando chamado para socorrer outros; precisamos, sim, de outros tarefeiros". "Posso examinar um deles?", Huberto queria se aprofundar neste assunto. Era a primeira vez que via um ovoide. "Fique à vontade." Aproximamo-nos, Huberto e eu, de uma câmara; concentramo-nos naquele espírito que estava como ovoide e vimos sua perturbação, o que sentia e o que pensava. Arrependeu-se, e o remorso o foi fazendo perder seu corpo perispiritual. Como Huberto sempre fala: arrependeu-se, mas não se converteu. Sentiu o remorso destrutivo. Foi, encarnado, um homem; mocinho, passou a sentir prazer em forçar pessoas sexualmente. Estuprou muitos homens, mulheres e crianças. Para não ser denunciado, os matava. Foi um andarilho, ia de cidade a cidade. Um dia tomou sangue de um garoto, gostou e passou a tomar sangue humano e até a comer pedaços de suas vítimas. Num destes ataques, foi morto e atraído para o Umbral, onde sofreu, porém não quis mudar para melhor, reparar seus erros, fazer o bem, não pediu ajuda, socorro. Um exemplo que Huberto dá é o de Judas, que traiu Jesus, arrependeu-se, não se converteu e se suicidou. Maria Madalena arrependeu-se, se converteu e se tornou uma discípula do Mestre Jesus.*

Fiz uma pausa, ligeira, para logo continuar contando:

– *Passamos a outra câmara. Este ovoide foi, encarnado, uma mulher, que foi invejosa, caluniadora e fez muitas maldades, até com os animais. Fez a irmã se separar do marido e matou o sobrinho, filho desta irmã. Focou em separar casais e tirar dinheiro de seus amantes. Não tinha nenhuma lembrança de um ato bom que fizera. Não querendo filhos, por achar que deformaria seu corpo bonito, abortou oito vezes e foi por um aborto que desencarnou. Foi atraída para o Umbral e perseguida pelas suas vítimas, que não a perdoaram. Após muito sofrer, sentiu remorso destrutivo, isolou-se numa gruta e se tornou um ovoide. "Agora, Antônio Carlos, neste momento", expressou Huberto comovido, "entendo melhor por que Jesus exclamou: 'Até quando vos hei de sofrer?'"*[1] *Fiquei também comovido. Nesta citação, certamente o Mestre Nazareno estava sentindo compaixão por nós. Na narrativa, Jesus se refere à falta de fé de seus seguidores, que não conseguiram curar uma pessoa. Entendi bem o que Huberto sentiu ao imaginar Jesus ali presente olhando para aqueles que estavam no momento como ovoides. Agiram errado,*

---

1 N. A. E.: Mateus, 17:16; e também o temos no Evangelho de Marcos, 9:18, em que Jesus expressa comovido: "Ó geração incrédula. Até quando hei de estar convosco? Até quando vos hei de suportar?".

com maldade, e estavam sofrendo. De fato, até quando nós, tendo oportunidades, não seguimos os ensinamentos de Jesus? Até quando negaremos caminhar rumo ao progresso fazendo o bem? Até quando? Até quando? Despedimo-nos de Áureo e voltamos aos nossos afazeres.

– Este chefe do Umbral perdeu uma boa oportunidade de mudar. Quando chegar para ele a época de sua colheita, talvez se arrependa de não ter ficado conosco e mudado a sua plantação – Clara deu sua opinião.

– De fato – Urbano também opinou –, *ele perdeu uma boa oportunidade! O importante é nós prestarmos atenção para não perdermos o que de bom nos é oferecido. Este estudo tem nos dado tantos ensinamentos!*

Por um breve instante, ficamos em silêncio pensando no que conversamos na reunião.

– O Químico fazia aparelhos. Queria ouvir, Antônio Carlos, sua opinião sobre isto – pediu Urbano quebrando o silêncio.

– A medicina nem sempre consegue resultados satisfatórios no tratamento de muitas doenças. Realmente, quando são somente físicas, a cura se torna mais fácil. O espírito adoece, e o corpo carnal mostra os efeitos. Como o Químico, muitos outros desencarnados com conhecimentos tecnológicos usam de forma planejada do que sabem para prejudicar. Aparelhos são feitos normalmente em cidades Umbralinas em locais que denominam quase sempre de "laboratórios". Costumam planejar; o fazem para certos encarnados, após analisarem aqueles que serão vítimas, para conhecer seus pontos fracos tanto orgânicos como espirituais. São quase sempre aparelhos complexos e muitos são bem feitos. Também usam de implantes biológicos, que são fungos, larvas que provocam desgastes energéticos. Normalmente são escolhidos depois de analisar o local do corpo para serem colocados e o fazem onde há debilidades ou marcas

de débitos de erros cometidos. Os objetivos são sempre causar dores nos implantados. São vários os tipos de aparelhos.[2] *Normalmente, a retirada tem de ser com atenção, delicadeza e por aqueles que sabem. Costuma-se pedir ajuda, como nós fizemos no caso dos ovoides; rogamos por auxílio para um espírito de muitos conhecimentos num hospital em que cuidam deles. Quanto aos aparelhos, talvez pedisse para equipes de certas colônias, para os estudiosos que trabalham em laboratórios. Esses aparelhos são às vezes levados para ser estudados após retirados ou destruídos. Como o Químico, esses espíritos são trabalhadores que, infelizmente, usam seus conhecimentos para o mal.*

– Não devemos comentar somente as perdas – Eulália estava contente. – Sabem o que nós ganhamos? Aprendemos a desligar ovoides, retirar larvas e até certos aparelhos. Concluo que aqueles que sabem são com certeza mais úteis.

Mais um caso encerrado; a reunião continuou para planejarmos o auxílio que daríamos a um novo pedido de ajuda.

---

[2] N. A. E.: Se o leitor quiser saber mais sobre esses assuntos deveras interessantes, recomendo a leitura das obras: *Nas fronteiras da loucura* e *Bastidores da obsessão*, pelo espírito Manoel Philomeno de Miranda, psicografadas por Divaldo Pereira Franco. De Francisco Cândido Xavier, pelo espírito André Luiz, *Ação e reação, Evolução em dois mundos e Libertação*. E o livro *A loucura sob novo prisma*, de Bezerra de Menezes.

SÉTIMA HISTÓRIA

1º CAPÍTULO

Um senhor chegou ao centro espírita antes do horário, Lourdinha estava abrindo a casa; ele entrou sorridente. Convidado a sentar, o fez e esperou. As pessoas foram chegando, e ele olhava tudo, dando a impressão de procurar alguém. Não vendo quem esperava, levantou-se e educadamente se aproximou de um grupo que sabia ser o de trabalhadores da casa; indagou após cumprimentar e se apresentar:

– A Regina está? Eu a estou esperando, ela é aquela senhora magra, loura, muito simpática e atenciosa. Queria lhe pedir novamente por ajuda.

– Infelizmente – Sílvia o esclareceu –, Regina desencarnou, voltou à pátria verdadeira.

– Que pena! Anjos voltam mesmo para o céu. Quando foi isso?

– Deve estar fazendo três anos – Rosely informou.

– Nossa! – João exclamou. – De fato, faz um tempo que não venho aqui. Devo fazer parte do grupo de pessoas que vem ao centro espírita somente quando necessita de algum favor.

– Em que podemos ajudá-lo? – perguntou Maria Helena.

– Regina sabia o que era. Será que ela sabe? Agora que mora no céu não tem como ela me ajudar?

– Com certeza sim – Maria Inês afirmou.

– Se o senhor nos contar do que precisa, tentaremos orientá-lo – Lourdinha sorriu.

– Estou triste por não encontrar Regina – lamentou João. – Vocês estão sendo simpáticas, mas confiava tanto nela.

– Senhor João – disse Marisa –, vamos começar logo mais a palestra. Permaneça aqui após o término; quando as pessoas saírem, conversaremos novamente com o senhor.

João fez o que lhe fora pedido. José, que é atento a tudo e a todos, convidou mentalmente Regina para ir ao centro espírita e atender aquele senhor que, indignado, sentia a falta dela.

De fato, todos nós, a equipe desencarnada e a encarnada, sentíamos a falta de Regina, trabalhadora incansável do nosso recanto. Quando ela adoeceu, afastou-se de sua tarefa por meses; a doença se agravou, e ela, infelizmente para aqueles que a tinham como amiga e orientadora, porém felizmente para ela e nós da equipe desencarnada, retornou ao Plano Espiritual com o dever cumprido. Regina cuidava da casa espírita com muito carinho. Quando seu corpo físico parou suas funções, foi levada a uma colônia onde resolveu estudar e, após, ensinar jovens; fora, encarnada, professora. Lidava com a mocidade e optou por esse trabalho; ficou morando numa colônia, mas não esquecera dos amigos e vinha de vez em quando nos visitar.

Regina veio, e ficou entre nós, os desencarnados, assistindo a palestra em que Ricardo passou a lição do O *Evangelho segundo o espiritismo* do capítulo 10, "Bem aventurados os que são misericordiosos", e focou nos itens 11, 12 e 13, "Não julgueis para não serdes julgados, aquele que estiver sem pecado atire a primeira pedra". Depois dos passes, Regina cumprimentou os amigos.

Leonardo chamou João para conversar e, com ele, permaneceu a equipe de passistas.

– *É o senhor João!* – Regina o reconheceu. – *Ele tem um neto, que deve ser agora um moço, que era perseguido por obsessores. Vamos escutá-lo!*

– Senhor João, o que está acontecendo? – Leonardo perguntou.

– Regina sabia... Tenho um neto que sempre deu trabalho, ele é... retardado. Não é bom da cabeça. Tem uma doença que sempre esqueço o nome. Se fosse somente isso... Os pais dele, meu filho que é o pai, se mudaram de cidade e passamos a nos ver pouco. Agora eles estão na minha casa, vieram passar uns dias conosco. Foi então que percebi o tanto que Felipe está perturbado. Ele engordou, está desagradável, deve pensar muito em sexo. Olha as mulheres com cobiça. A mãe dele, minha nora, o vigia e não o deixa sozinho. Vendo-o olhar para minha outra neta, pedi para ela ir para a casa dela e não nos visitar enquanto eles estiverem conosco. Ele é forte, tem muita força. Penso que, como Regina havia me explicado, tem espírito querendo prejudicá-lo.

– Por favor, senhor João, nos dê seu endereço e também o do seu filho – pediu Cláudio.

João falou o que lhe foi pedido.

Escutou conselhos dos encarnados para orar, voltar mais vezes e, se possível, na segunda-feira levar o neto para receber o passe.

Léa, atenciosamente, explicou para João como ele deveria fazer o Evangelho no lar.

Despediram-se, os encarnados foram embora.

– *Regina, nós vamos à casa de João ver o que ocorre. Não quer vir conosco?* – José a convidou.

– *Tenho de dar aula logo mais, não posso me ausentar por muito tempo, tenho somente duas horas livres por dia. Assim que vi João, lembrei-me dele; de fato, ele e sua esposa me pediram muitas vezes ajuda. Iam à minha casa ou vinham aqui ao centro espírita. O garoto era menino naquela época, estava sempre atormentado por espíritos que queriam castigá-lo por vingança. Senti João me pedir ajuda em oração. Vocês o atenderão por mim, não é?*

– *Sim* – José sorriu, concordando, e quis saber: – *Regina, você aceitou o convite para dar aulas para jovens que voltaram ao Plano Espiritual pelo suicídio?*

– *Aceitei, sim* – confirmou Regina. – *Tenho me dedicado a esse trabalho com muito amor. Todos os dias estou com eles, são duas horas de aulas e mais duas horas de conversação.*

"*Com certeza*", pensei, "*Regina está sendo muito útil; ela é alegre, transmite confiança e sempre amou os jovens, e eles a ela.*"

Regina é realmente muito querida por todos nós. Ela se despediu e voltou aos seus afazeres na colônia. A equipe se reuniu.

– *Vamos à casa de João* – decidiu José. – *Iremos para saber o que está acontecendo.*

Chegando ao lar do senhor João, um espírito nos deu as boas-vindas, era a mãe desencarnada da dona da casa que, após os cumprimentos e apresentações, disse:

– *Insisti muito para João pedir ajuda; ele se lembrou de Regina, que, pelas suas lembranças, é uma pessoa muito boa. Escutei-o contar à minha filha, quando chegou, que essa senhora desencarnou, mas que foi recebido por outras pessoas que, além de educadas, foram atenciosas e que esperava receber ajuda. Entrem! Fiquemos aqui na sala. Vou contar o que acontece com este moço, o Felipe. Este encarnado, meu bisneto, errou muito no passado, voltou ao mundo físico num corpo carnal com deficiências, porém não tão graves. Infelizmente, trouxe para perto dele, desafetos. Estou aqui, em visita, a pedido de minha filha, mas não tenho muito o que fazer. Não consigo tirar, afastar, esses desencarnados obsessores daqui; eles estão onde o meu bisneto está. Vocês irão ver uma obsessão em que obsediado e obsessores se odeiam e permanecem unidos. É difícil saber quem obsedia quem. Vejam, ali estão outros dois que, odiando, também tentam prejudicar Felipe. Esses dois brigam também com ele, mas menos.*

Nenhum dos três desencarnados conseguiu nos ver nem à senhora que nos recebeu, que fez um pausa na sua narrativa para que nós observássemos os envolvidos e depois explicou:

– *Tento acalmar o ambiente, pedir para os encarnados orarem, lerem os Evangelhos em voz alta; tenho me esforçado e consegui que João fosse pedir ajuda. Vieram nos auxiliar, não é?*

– *Sim* – respondeu José –, *o senhor João foi ao centro espírita e pediu auxílio, em especial a Regina, que rogou que nós o atendêssemos, porque, pelo seu trabalho, não pode vir, mas nós podemos e aqui estamos. Gostaríamos de saber o que acontece, facilitaria nosso trabalho.*

– *Estão vendo aqueles dois ali, um desencarnado homem e outra mulher? Odeiam Felipe, estão perto dele, porém o que comanda é aquele ali.*

Na casa estava João, que havíamos conhecido e que naquele momento se sentia bem, calmo por ter recebido o passe. Logo que chegara em casa, contou a esposa sobre Regina e disse que logo que as duas, esposa e nora, acabassem de arrumar a cozinha, iriam sentar no sofá que ele ia ler um texto do Evangelho conforme fora orientado.

Sentados no sofá estavam Felipe e um dos obsessores. Estavam sentados na mesma posição, largados. Assistiam a uma novela na televisão e, naquele momento, uma personagem feminina muito bonita fazia a cena. Os dois a cobiçavam.

O desencarnado obsessor era um ser que pensava muito em sexo e incentivava Felipe pensar também. Nós os observamos, os dois pareciam fazer tudo sincronizado: viravam juntos, sorriam e, naquele momento, seus olhares eram de cobiça, tendo pensamentos eróticos.

Vimos os outros encarnados que estavam na casa. João morava com a esposa; o filho e a família dele residiam em outra cidade, tinham três filhos, e Felipe era o caçula. O primogênito era casado, a filha estudava em outra cidade. A esposa de João era como ele, uma pessoa boa, simples e amorosa. O pai de Felipe trabalhava muito para sustentar a casa e a filha nos seus estudos. Sua esposa, por cuidar da casa e de Felipe não tinha como trabalhar fora. Estava esta mãe estressada, os três obsessores não a atormentavam, mas normalmente sugavam suas energias.

Ela estava, apesar do calor, com uma blusa de mangas longas.

– *Está escondendo uma mordida* – explicou-nos a senhora desencarnada –, *o filho quis passar as mãos em seus seios, ela impediu, e ele a mordeu.*

O dono daquele lar chamou todos para ouvirem a leitura do Evangelho. Sentaram-se no sofá. João desligou a televisão, Felipe achou ruim e xingou. Falava palavrões como se fossem elogios. O avô o olhou, e ele se calou.

João pegou uma Bíblia, um livro que fora de sua mãe. A parte onde estavam os Evangelhos estavam separadas por marcadores. Abriu, escolheu um item e leu: "O bom pastor", Evangelho de João, 10: 1-21.

Quando terminou a leitura, João fechou o livro, orou um Pai-Nosso e uma Ave-Maria.

Os encarnados estavam atentos e, com nossas vibrações, os três obsessores também tiveram de escutar.

– *Vamos levá-lo!* – José mostrou o espírito que estava pertinho de Felipe.

Aproveitando que este desencarnado ficara quieto, o adormecemos e o pegamos.

– *Senhora* – José explicou à desencarnada que nos recebera –, *vamos ajudar esta família. Vamos levar este, orientá-lo e, depois, os outros dois.*

– *Que Deus seja louvado! Obrigada!*

Com a leitura do Evangelho, nossa equipe doou energias benéficas a todos. Os encarnados se acalmaram, aquela mãe sofrida se sentiu esperançosa, todos se sentiram bem. Felipe escutou sem entender direito e acompanhou a oração repetindo as palavras.

Os obsessores primeiramente se incomodaram, não entenderam o porquê, sentiram a vibração da casa diferente, aquietaram-se e se sentiram sonolentos.

Despedimo-nos da sogra de João, que nos informou que também ia embora, retornaria à colônia onde trabalhava, mas que voltaria assim que lhe fosse possível para visitar a filha.

Compreendemos que naquele caso não deveríamos afastar os três obsessores de uma só vez; pelo tempo juntos, o encarnado iria sentir muito.

– *Vou ficar aqui mais um pouco* – informei.

Somente eu fiquei, a equipe retornou ao centro espírita.

A televisão foi ligada. Fiquei observando. Logo os dois desencarnados obsessores que ficaram notaram a falta do terceiro.

– *Onde foi o Zero?* – perguntou a mulher.

– *Deve ter saído, não se preocupe Duas. Com certeza se incomodou com aquela leitura chata.*

– *Um, Zero não costuma se ausentar. Não larga o estrupício* – a mulher argumentou, estava preocupada.

Entendi que aquele desencarnado obsessor que José levara era o chefe, e se autodenominara Zero, o outro homem de Um, e a mulher de Duas.

Quis ver o que acontecia com eles e li no astral da casa pela psicometria.[1]

Vi que o Zero queria ser chamado assim porque o numeral zero na frente de um número, à direita, dá valor. Chamava o outro de Um e a mulher de Duas e que juntos eram dez e vinte. Embora a família, pai, mãe e Felipe, estivesse ali hospedada fazia três dias, vi que o obsediado e obsessores se digladiavam. Felipe se afastava facilmente; ele, em espírito, vestido do perispírito, saía de seu corpo físico; bastava cochilar, adormecer e, quando isto ocorria, brigava, xingava, eram ofensas fortes e até se estapeavam. Felipe os enfrentava. Entendi que os três se esforçavam para prejudicar Felipe, e estava difícil porque, além de ele não aceitar, revidava. Vi uma cena em que o jovem encarnado pegou o Um pelo pescoço e o enforcou, Zero e Duas o acudiram. O Um exclamou: "Se eu estivesse vivo, ele tinha me matado". Felipe gargalhou.

O que vi me bastou. Aproximei-me então dos encarnados, quis conhecê-los e saber como eles lidavam com aquela dificuldade.

João estava preocupado com a situação. Aborrecia-se por ver as atitudes do neto. Escutei-o pensar: "Sei que Felipe é doente, mas não era para ele fazer o que faz. É tão desagradável! Penso que até estou pecando, mas não consigo amá-lo como amo os outros netos; não é por ele ser doente, é por algo que não sei explicar".

A esposa de João também se sentia incomodada com o modo de agir do neto: "Minha nora", pensou a matriarca da

---

[1] N. A. E.: No livro *Crônicas de um e de outro*, de Luciano dos Anjos, Hermínio Miranda diz: "Psicometria – mediunidade segundo a qual o sensitivo, posto em contato com objetos, pessoas ou lugares relacionados com acontecimentos passados, sintoniza-se de tal maneira com o clima psicológico em que esses acontecimentos ocorreram que se torna capaz de descrevê-los com assombrosa precisão.

família, "vigia Felipe, cuida muito bem dele, porém penso que se ele atacar alguém ou a ela, não terá forças para detê-lo. Tenho medo dele, de seu olhar. João foi pedir ajuda a Regina, mas ela morreu. Contou-me que outras pessoas foram atenciosas com ele e que prometeram nos ajudar. Até rezei um terço para Deus me perdoar por não gostar do Felipe. Amo meus netos, mas ele não. Queria até que eles fossem embora. Tenho trancado a porta do banheiro quando uso. Ontem escutei, enquanto tomava banho, mexerem na maçaneta; com certeza foi ele que, certamente, como fez anteontem, entraria e, ao me ver diria, com aquele ar de cínico: 'não sabia que no banheiro tinha gente'. Ele tem olhado muito para minha neta, João pediu para ela não vir aqui enquanto eles estiverem".

O pai de Felipe parecia alheio aos problemas do filho. Fora visitar os pais porque tivera mesmo de tirar doze dias de férias, algo que havia anos não fazia. Ultimamente trabalhava muito, ia para sua casa mais para dormir; sábado à tarde e aos domingos, trabalhava num carrinho de lanche. Isso para ter dinheiro para formar a filha que estudava Medicina; embora fosse numa universidade pública, tinha gastos com estadia, livros, materiais etc. O filho se formara, casara e tinha um filhinho; morava na mesma cidade e se encontravam pouco. Ele não percebeu que o outro filho incomodava.

A mãe, bastou vê-la para saber o que ocorria. Era uma pessoa boa, não contava para o marido suas dificuldades com o filho. Como o esposo, ela queria ver a filha formada e trabalhava muito também. Felipe lhe dava muitas preocupações. Estava doente, tomava os medicamentos corretamente, mas não fazia o repouso necessário. O filho não podia ficar sozinho. Deixava o portão trancado e a chave presa em seu corpo, para ele não sair. Tinha medo de que ele atacasse alguém, alguma moça da vizinhança. Ele já tentara atacá-la, e muitas vezes, empurrava-a, e por isso caíra cinco vezes, foi mordida. Quando isso ocorria, ela batia nele com o chinelo, era assim que o acalmava. Gostava do filho, ou tinha, como mãe, de amá-lo, mas não era como os outros. Isso lhe dava remorso e a fazia se dedicar mais a ele. Estava gostando de estar na casa dos sogros. Podia descansar um pouco porque o sogro a ajudava a olhar Felipe.

Examinei não somente seu físico, mas também seu espírito. Aquela mãe recebera anteriormente maldades daquele que no momento atendia pelo nome de Felipe. Fora maltratada, entendeu que fora uma reação de atos equivocados de seu passado e perdoou. Quando consultada, aceitou aquele que fora seu carrasco por filho. Tentava, esforçava-se para educá-lo. Pelo que percebi, os três obsessores a respeitavam; fora, com eles, vítima, embora a achassem uma tola por ter perdoado. Por isso não incentivavam Felipe contra ela, mas também não o continham quando ele a agredia.

De fato, ela estava enferma, já era para ter desencarnado; entretanto, ela pedia sempre em oração para não morrer antes da filha se formar. Rogava por isso porque, sem a ajuda dela, o marido não conseguiria trabalhar como fazia para ter dinheiro para mantê-la. Seu pedido foi analisado e concedido. Ela ficaria mais um tempo encarnada.

Voltei minha atenção para Felipe, que via televisão e cochilou por uns segundos. Deu um pulo.

– Cadê ele? Cadê? – gritou e falou palavras indevidas, xingou.

– Ele quem? Felipe, você cochilou – a avó tentou acalmá-lo.

O jovem olhou para os lados, passou as mãos pelos braços e xingou mais.

"Aonde ele foi?", pensou e xingou.

Logo se distraiu vendo a novela.

Observei-o. Felipe tinha uma plantação complicada de ervas ruins, ou seja, ele havia feito muitas ações maldosas, atos indevidos, quando encarnado, e muitas outras no período em que ficou desencarnado. Fora, durante anos, um morador de uma cidade Umbralina; fora ali uma pessoa importante. Não eram somente as energias nocivas dos obsessores que o faziam ser antipático, eram também as dele.

2º CAPÍTULO

Reunimo-nos no centro espírita tanto para planejar essa ajuda que nos foi pedida pelo senhor João e reforçada por Regina como para organizar outras tarefas.

– *Você não pode entrar!*

Escutamos Maria, uma trabalhadora do posto de socorro, que estava, naquele momento, na recepção.

Fomos rápidos para lá e surpreendemo-nos por ver Felipe, que, afastado do corpo físico, com este adormecido, foi atrás do seu obsessor, nos fazendo entender o que a sogra desencarnada de João havia nos dito: *"Não se sabe quem é o obsessor e quem é o obsediado"*. Estava furioso, pegou no braço de Maria e o estava apertando. Esta trabalhadora tem como se defender sozinha, mas ela primeiro tentou, como sempre quando isto ocorre, acalmá-lo, conversar e, se não consegue, então pede por auxílio. Maria ia argumentar com ele quando chegamos. Felipe, ao nos ver, largou o braço dela e falou autoritário:

– Eu o quero! Quero! Ouviram?! Ninguém tem o direito de tirá-lo de perto de mim.

– *Por que não?* – José o indagou.

– Ele é meu! Pertence-me! Tenho de vigiá-lo!

Eulália aproximou-se e, mentalmente, nos informou: *"O Zero está inquieto; dorme, mas está se debatendo"*.

– *Senhor...* – Urbano ia falar, mas Felipe o interrompeu.

– "Senhor" coisa nenhuma! Sou um menino! Não quero conversa! Quero-o!

– *E se não o dermos?* – Urbano perguntou.

– Vou levá-lo! Com certeza ele não quer ficar aqui!

– *Venha se sentar nessa cadeira* – convidou Eulália.

Pegou na mão dele e o fez sentar numa poltrona.

Vimos o que Felipe pensava, ele queria o Zero para lhe dar uns murros, tapas e para trocar ofensas. Entendemos que Felipe gostava dessas disputas, dessas brigas.

Fomos, pelo passe, tirando energias ruins dele, doando positivas e tentamos fazê-lo aceitar as energias benéficas. José falou com ele amorosamente:

– *Felipe, você está tendo uma grande oportunidade estando encarnado. Aproveite! Deixe esses espíritos, não queira mais brigar, seja amoroso com sua família.*

Repetiu por umas cinco vezes falando a mesma coisa de forma diferente.

Seu espírito ficou sonolento. Eulália e Urbano o pegaram e o levaram a seu corpo físico, que estava adormecido. Estava mais calmo.

– *O melhor é deixá-los um longe do outro* – concluí.

– *Como Felipe, encarnado, o achou aqui?* – Clara estava curiosa.

– *Com certeza os dois têm elos. Assim que afastamos Zero, Felipe sentiu sua falta. Quando seu corpo físico adormeceu, ele, não vendo o Zero, enfureceu-se; depois pensou nele e veio aqui atraído.*

– *Se pudesse, Felipe o levaria de volta, não é?* – Clara estava admirada.

– *Sim, o levaria* – respondi.

Fomos, Clara e eu, ao cômodo em que Zero estava, ele dormia agitadíssimo. Foi fácil ver o que o agitava. Zero pensava na sua vida, o porquê de odiar Felipe.

Conheceram-se no Umbral; por anos Zero o serviu como empregado fiel e uma vez em que não dera conta da tarefa, foi castigado e levado preso a uma furna, um buraco horrível, e lá ficou esquecido. Quando um outro grupo umbralino o soltou, teve de servi-los por anos e, ao ser liberado, voltou à cidade do Umbral e não o encontrou lá; procurou e o achou encarnado. Planejou se vingar. Encontrou resistência, mas sabia bem o que queria fazer. Aproveitaria-se da fragilidade que ele tinha por sexo. Tinha Zero certeza de que ia conseguir fazê-lo atacar alguém, talvez até matar, aí ele iria para um hospital judiciário e então não precisaria mais se esforçar para maltratá-lo. A mãe dele estava sendo empecilho, mas ela estava doente e logo desencarnaria. Aí sim ele conseguiria castigá-lo como queria. Era para Zero, no momento, a única maneira de fazê-lo sofrer. Seu desafeto iria estuprar alguém e ser preso como o fez ficar.

Clara e eu lhe demos um passe e Zero acalmou-se um pouco. Saímos do cômodo.

– *Antônio Carlos* – Clara quis saber –, *Zero iria conseguir executar o que planejou?*

– Não tenho como saber e responder. Clara, todos nós temos nossas deficiências, fraquezas, arestas a serem cortadas. Normalmente, obsessores analisam aquele que quer se vingar ou o conhecem bastante e assim planejam o que querem fazer. Há pouco tempo, vi um obsessor incentivar o filho de seu desafeto a se drogar. Com certeza esse filho tinha a tendência, porque, se não tivesse, ele não conseguiria. Sabia o obsessor que seu desafeto iria sofrer com o filho drogado. Vi também, infelizmente, um outro obsessor fazer o filho daquele que odiava se suicidar. Aproveitou que estava o garoto sofrendo e o motivou a se matar. Isto ocorreu, o obsessor depois se desesperou, tornou-se assassino, errou. O seu desafeto sofreu muito, e isto não lhe deu alegria.

– O que aconteceu com o jovem suicida? – Clara quis saber.

– Ele fez o ato sem pensar, sem planejar, sem ao menos querer, o fez num impulso, dominado pelo desencarnado. Foi socorrido, porém sofreu porque não queria ter desencarnado. Se este jovem não pensasse em se suicidar, se não tivesse tendências para este ato errôneo, não o faria, não se suicidaria. Lembro-a de que ouvimos e atendemos a quem queremos. E pelo que soube, este jovem era também desafeto deste obsessor e, infelizmente, ele, em outra existência, incentivara uma pessoa a se suicidar. O fato, Clara, é que Zero sabe bem as tendências negativas do espírito de Felipe e o estava incentivando a errar para sofrer as consequências, para ficar como ele ficou, preso em algum lugar. De fato, a mãe o vigia. Felipe poderá fazer ou não o que estava e ainda lhe está sendo sugerido, porém ele tem o livre-arbítrio e fará o que quer.

Urbano e Eulália retornaram, informaram que deixaram Felipe dormindo mais tranquilo.

José e eu levamos Zero para outro centro espírita, longe do nosso, uma casa amiga com a qual costumamos trocar favores, o deixamos acomodado. Zero, longe daquele que odiava, se acalmou. Ali, Felipe não conseguiria localizá-lo e não iria atrás dele.

– *Zero terá lá orientação, acolhimento, e ficará abrigado para se recompor* – informei o grupo.

No domingo, José e Urbano foram à casa de João e, depois da visita, informaram que Felipe estava inquieto e procurava algo, batera em Um e em Duas.

Na segunda-feira, João viera ao centro espírita para assistir a palestra e receber o passe. Maria Inês lhe pedira para ficar após o término para a equipe conversar com ele. Perguntado como estava, ele se queixou do neto.

– Senhor João, leve-o ao médico. O garoto se sentirá mais calmo com uma medicação adequada – aconselhou Leonardo.

João acatou a ideia. Despediu-se sentindo-se aliviado e determinado a levar Felipe para uma consulta médica. Urbano e Fátima ficaram encarregados de ir várias vezes à casa de João.

João, logo pela manhã, ligou para o consultório de um médico que lhe fora recomendado e, por ser particular e por ter uma desistência, a consulta foi marcada para a tarde.

Fiquei encarregado de ir com ele. Conhecia o médico e sabia que esse profissional recebia fácil, pela intuição, o que seu protetor passava para ele. Fui antes e conversei com esse desencarnado, expliquei o que estava acontecendo.

João pegou um táxi e foram ele e Felipe. O médico, pontual, o atendeu e examinou, verificando pressão etc.

O médico e o avô viram como Felipe olhou para a secretária, uma jovem bonita.

– Ali – apontou o médico para uma pequena copa – estão umas bolachas gostosas, pode comê-las. Felipe, para não sujar aqui, coma-as encostado na pia.

O médico quis ficar a sós com o avô. Felipe foi ao local indicado. No consultório deste médico constava uma sala, onde estava: ao lado direito, um banheiro; ao lado da porta de entrada, a copa; e depois, outra sala para exames.

– Conte-me, senhor João, o que está acontecendo com seu neto – pediu o médico.

– Doutor – disse João em voz baixa –, o senhor viu como ele olhou para sua secretária? Os apelos do sexo estão fortes nele, tenho medo de que ele ataque alguém; ele é forte, tem muita força. Parece que ele só pensa nisso.

– Tranquilize-se, senhor João: vou medicá-lo para sossegá-lo.

– Deus o ouça!

Felipe comeu todas as bolachas e retornou à sala.

– Acabou!

– Você comeu todas? – João se envergonhou.

– Tudo bem, senhor João – disse o médico. – Felipe, você toma remédios?

– Não! Mas mamãe toma, ela não me deixa tomar, fala que os remédios são dela – respondeu Felipe.

– Conte para mim, Felipe: O que você está sentindo?

– Falta! Falta dele!

– De quem? – o médico quis saber.

Felipe se agitou, mexeu com a cabeça, torceu as mãos.

– Vou lhe dar um remédio.

O médico levantou-se, pegou na estante três caixas de uma medicação, amostras grátis, pegou água e deu um comprimido para Felipe, que pegou, riu e tomou.

– Senhor João, infelizmente tenho somente três comprimidos: dê um por dia a ele. Vou receitar os remédios.

Pegou seu receituário.

– Doutor, esses remédios são controlados? – indagou João.

– Um deles é. Estou receitando um medicamento para ele dormir melhor, sem tanta agitação, para que não grite dormindo, não se debata. O outro não é controlado.

– O senhor não me faria um grande favor? – João perguntou e não esperou pela resposta, disse o que queria. – Faça umas três receitas e com mais caixas. Felipe é meu neto, filho de meu filho que mora em outra cidade; eles vêm raramente à minha casa, fica difícil trazê-lo para outra consulta. No momento, meu filho não dispõe de dinheiro para comprar remédios. Quero eu comprá-los e dar para eles levarem. Meu filho e a família irão embora depois de amanhã.

O médico não fazia isso, porém seu protetor e eu insistimos, então ele concordou e fez três receitas do remédio controlado.

– Coloque, doutor, por favor, com a data de hoje; comprarei em farmácias diferentes.

Novamente intuído por nós, o médico atendeu e explicou para João como tomar as medicações. A consulta terminou e os dois pegaram outro táxi, o avô temia ir de ônibus e não conseguir controlar o jovem. Voltaram para casa.

João foi às farmácias e comprou os remédios. Explicou detalhadamente para a nora como ela deveria dá-los para Felipe. A nora foi guardar os medicamentos. O casal, João e esposa, ficaram sozinhos na cozinha.

– João, você pagou a consulta, comprou os remédios. Com que dinheiro?

– Não poderia deixá-los ir embora sem fazer algo por esse neto. Recebi a aposentadoria há três dias. Era o dinheiro para passarmos o mês. Farei um empréstimo compulsório.

– Que desconta todo mês uma parcela! João, o que recebe mal dá para nossas despesas. Recebendo menos, tudo irá piorar.

A filha de João chegou na casa e se dirigiu para a cozinha para vê-los; esforcei-me e a fiz parar perto da porta e escutar a conversa dos pais. Ela tinha ido ao açougue comprar carne para ela. Comoveu-se ao escutá-los. Entrou na cozinha.

– Oi, pai! Oi, mãe! Trouxe estas carnes para os senhores.

– Para nós? Por quê? – perguntou João.

– Meu irmão está aqui e eu nem os chamei para almoçar em minha casa. Sabe, o Felipe... Trouxe estas carnes para fazer para todos. Mamãe, a senhora sabe que meu esposo recebe uma boa cesta básica da firma que trabalha. Ontem um colega dele, que a esposa foi trabalhar no exterior, disse não precisar mais da cesta e a deu para meu marido. Vou trazê-la para os senhores. Tudo bem?

– Tudo... – a esposa de João ficou contente.

A filha foi conversar com a cunhada. João abriu o pacote de carne.

– Está vendo? A gente dá, a gente recebe. Deus nos ajuda!

A filha mentira. Sabendo que os pais nunca quiseram ajuda dos filhos porque não queriam sobrecarregá-los, inventou a história da cesta. Ela iria comprar tudo o que achava que os pais necessitariam e traria para eles.

Aquela noite, com o remédio, Felipe dormiu melhor. O filho de João foi embora com a família, e os dois obsessores os acompanharam. Eulália, por vários dias seguidos, foi à residência deles e trazia Um e Duas ao centro espírita; fez isso em dias de palestras, os deixava escutando, conversava com eles, os fez tomar banhos, alimentarem-se e passou a chamá-los pelos nomes: Chiquinho e Dalva. Trazia-os e os levava. Felipe, com os remédios, ficou mais comportado e com sono mais tranquilo. Parou de procurar o Zero, mas se encontrava com os outros dois, os agredia, e os obsessores começaram a perder o interesse por ele. Eulália e Fátima, por muitas vezes, afastavam Felipe do corpo físico adormecido e conversavam com ele, aconselhavam-no e lhe davam passes. O jovem não era muito receptivo, a maior parte das vezes escutava-as sem interesse. Numa das visitas ao centro espírita, Dalva pediu, chorando, para ficar. Eulália a abraçou com carinho e ela ficou. Chiquinho voltou, mas, na vez seguinte em que foi, pediu abrigo; resolveram perdoar e cuidar deles para depois ajudar a outros.

João conversou por telefone com o filho e depois com a nora, que lhe deu a notícia.

– Senhor João, graças a Deus, nós fomos aí e o senhor pediu ajuda para nós, levou Felipe ao médico, ele está sossegado.

João então retornou ao centro espírita. Acomodou-se para assistir a palestra e, mentalmente, com fervor, agradeceu a Regina. Para ele fora Regina quem o ajudara. De fato, se atende, e muito, em nome de outro. Não importa quem recebe o bem, o auxílio nem para quem foi pedido. O importante é fazer o que podemos e devemos. Os atos são de quem os fazem. Atender em nome da Regina foi um prazer, uma alegria imensa.

A palestra foi dada por Sheyla. E o tema foi gratidão.

Lembrou a palestrante do O *Evangelho segundo o espiritismo*, capítulo 28, "Coletânea de preces espíritas", item 28, "Ação de graças por um favor obtido". "Não devemos considerar como acontecimentos felizes apenas as coisas de grande importância. As pequenas são, muitas vezes, as que mais influem sobre nosso destino... Os benefícios de Deus não consistem somente em coisas materiais. É preciso, igualmente, agradecer as boas ideias, as inspirações felizes que nos são sugeridas..."

De fato, quando somos gratos é porque estamos aprendendo a amar.

João escutou a palestra de Sheyla com atenção e pensou:

"Ainda bem que agradeci a Regina. Vou agora agradecer aos trabalhadores da casa que me trataram tão bem."

Quando terminaram os passes, João aproximou-se dos passistas que estavam à frente, cumprimentou-os e disse:

– Quero agradecê-los!

– Como está o senhor? E seu neto? – perguntou Maria Helena.

– É por isso que agradeço. Estou bem, e meu neto melhorou. Deus lhe pague!

– Que Deus nos proteja! – respondeu Rosely.

Os encarnados sorriam e nós, desencarnados, demos por encerrada aquela tarefa.

3º CAPÍTULO

A equipe se reuniu para completar o estudo sobre esta obsessão.

– *A Regina* – contou Fátima – *sentiu o agradecimento de João e me pediu para transmitir esta gratidão a vocês!*

– *E os obsessores, como estão eles?* – perguntou Urbano.

– *Chiquinho, o Um, e Dalva, a Duas* – respondeu Eulália –, *ficaram dias conosco, no posto de socorro, depois os levei para outros lugares. Chiquinho foi para um posto perto do Umbral, Dalva para outro perto de uma colônia. Concluí que os dois deveriam, para melhor recomeçar, ficar em locais diferentes.*

– *Está certa!* – Clara a interrompeu. – *Os dois, se vendo, lembrariam do obsediado. O melhor para eles é esquecê-lo. Escutei de Dalva, quando ela estava aqui no nosso posto de socorro, que lamentava ter ficado tanto tempo perto de Felipe; que ela, assim que desencarnou, devia ter pedido ajuda e não se emaranhado numa vingança. Ela me contou que, quando encarnado anteriormente, Felipe, que usava outro nome, fora seu padrasto e a estuprara várias vezes e que batia muito na mãe dela. Teve uma existência infeliz e achava que era pela violência que sofrera. Quando desencarnou, o padrasto havia desencarnado havia anos, então ela o procurou para castigá-lo. Encontrou-o no Umbral e ingenuamente pensou que, se contasse para o chefe do lugar, uma cidade Umbralina, iria poder se vingar. Foi ela a castigada, Felipe a torturou. Porém, de repente, ele sumiu, ela ainda ficou no Umbral. Um dia pensou nele, fixou-se e o sentiu reencarnado, foi atrás dele. Encontrou-se com os outros dois espíritos, e os três juntos tentavam castigá-lo. Ela não concordava com a ideia de Zero de fazê-lo estuprar alguém para ser preso. Repelia esse ato, mas não via outra solução. Por duas vezes, ela o impediu, escondido de Zero e Um, de atacar alguém. Dalva contou também, se lastimando, ter se envolvido por anos numa obsessão que, segundo ela, foi mesmo uma fixação em que mais sofreu do que fez sofrer. E que somente agora entendera que a violência que tanto a torturou foi reação de atos maldosos que ela cometera anteriormente.*

– Foi isso mesmo – concordou Eulália. *– Dalva espontaneamente lembrou de alguns acontecimentos de seu passado, então compreendeu o porquê da violência sofrida. Conversamos muito e, ao se recordar, sentiu vontade de mudar e fazer o bem. Chiquinho tinha mágoa de Felipe porque, quando encarnados, ele lhe emprestou dinheiro que não pagou e, ao ser cobrado, o surrou cruelmente; seu filho foi tirar satisfação, ingenuamente levou um revólver para intimidá-lo e foi morto. Chiquinho nunca o perdoou porque ele alegou legítima defesa e não foi preso. Chiquinho queria vê-lo preso e fazia tudo o que Zero mandava. Este*

ex-obsessor desencarnou idoso; quando voltou ao Plano Espiritual, soube que poderia se vingar, desejou ardentemente fazê-lo, procurou-o e encontrou-o reencarnado. Ele sabe que seu filho reencarnou e está bem e, em vez de seguir o exemplo do filho, que perdoou e seguiu seu caminho, Chiquinho parou para se vingar. Poderia ter sido feliz, ter paz e perdeu a oportunidade para obsediar. Agora o que mais Chiquinho quer é esquecer tudo e reencarnar. Foi recomendado ficar mais tempo no Plano Espiritual para aprender a fazer o bem. Ele lamenta ter feito o mal obsediando porque ele não foi mau quando encarnado. Aborreceu-se quando entendeu que obsediar é muito errado.

– Dalva disse que Felipe, que tinha outro nome, de repente sumiu do Umbral. O que aconteceu? – Clara estava curiosa.

– Pelo que apurei – Eulália a esclareceu –, *ele foi importunar uma mulher encarnada que era muito religiosa, e ela, ao se sentir incomodada, pediu ajuda a um local parecido com um grupo espírita. Felipe foi preso e tentaram orientá-lo. Infelizmente não conseguiram, porém ele começou a se lembrar das maldades que fizera, e isto o incomodou. Quis reencarnar para esquecer, não conseguia ficar no Plano Espiritual com suas lembranças. Reencarnou.*

– Como está Felipe agora? – perguntou Clara.

– Temos ido visitá-lo – Eulália quem deu a notícia. – *Urbano e às vezes Fátima nos acompanham. Está melhor. Sem os obsessores e com a medicação, tem dormido melhor, isto tranquiliza a mãe. Por muitas vezes conversamos com ele quando seu corpo físico está adormecido. Nós o afastamos e tentamos doutriná-lo.*

– Como se faz a um desencarnado? – Clara se interessou por saber.

– A conversa é parecida – respondeu Eulália. – *Lembro-a de que somos espíritos, ora estamos como encarnados ora desencarnados. Todos nós temos como nos melhorar e escutamos a quem queremos. Infelizmente Felipe tinha mais prazer em escutar*

Zero, que o incentivava a ser sensual. Como naquela noite em que veio aqui atrás do Zero, conversamos com ele. Às vezes nos escuta; outras, não. Recusa-se ainda a aprender pelo amor.

– Se ele for para uma casa abrigo, será que lá ele poderá atacar alguém? – Fátima se preocupou.

– Espero que não – respondeu José –, *porque, se isso ocorrer, sua situação será pior. Penso que, com a doença, com o corpo debilitado, não conseguirá fazer o que deseja.*

– Será que ele, mesmo doente, sentirá esses desejos? – Fátima queria entender.

– Vícios – José quis que Fátima entendesse – *que adquirimos estão em nós e somos nós que temos de vencê-los. Felipe foi um estuprador, teve isto como vício. Mesmo com inibidor sexual, ele cobiça qualquer mulher que vê.*

– Será que ele poderá ser obsediado novamente? Por outros espíritos? – Clara quis saber.

– Regina me contou – respondi – *que ela doutrinou outros obsessores quando encarnada, quando João pedia por ajuda; agora nós afastamos dele esses três. Pode ser que outros espíritos que não o perdoaram o encontrem e tentem obsediá-lo. Não temos como saber.*

– Se isso ocorrer, iremos interferir novamente? – perguntou Clara.

– Só se houver um pedido. Estamos, agora, nos desligando deste trabalho – decidiu José.

– Admiro – comentou Fátima – *a mãe de Felipe, que o recebeu por filho.*

– Essa senhora – explicou José – *foi vítima dele, mas já havia sido algoz; entendeu isto, pediu perdão e perdoou. Compreendeu que era preciso fazer o bem a quem lhe fez mal, amar os inimigos. Sentiu que seria difícil tê-lo como filho, passaria por dificuldades e sofreria. Quis resgatar suas dívidas passadas, anular seus erros, sentir-se quite consigo mesma. Entendeu que estava*

tendo a oportunidade e não quis perdê-la. Aceitou. Penso que de fato esta senhora está conseguindo fazer o que planejou e, com este ato, está aprendendo muito.

– Antônio Carlos, você que já participou de tantos trabalhos obsessivos, o que acha que acontecerá com Felipe? – Urbano quis saber.

– Podemos às vezes opinar sobre acontecimentos por dedução. Ao vermos uma criança pular uma janela, podemos pensar que, se cair, irá se machucar, e outra criança que, vendo a janela, não pula, concluímos que não irá cair nem se ferir por este motivo. De fato, a mãe de Felipe recebeu por merecimento um tempo extra para ficar encarnada. Depois que a filha se formar, não digo que será logo em seguida, seu corpo físico com certeza irá parar suas funções. Com certeza, pelo que vi, ela será socorrida, porque tem merecimento. Esta senhora visitou várias instituições para o filho ficar quando ela partir do mundo físico. Encontrou uma que lhe agradou e pediu para o marido e os filhos, quando ela morrer, levarem Felipe para lá. Esta senhora sabe bem que o filho deficiente não tem como ficar sozinho, o marido não pode parar de trabalhar para cuidar dele, e seu caçula não poderá morar com o outro filho nem com a filha. E se o marido se casar novamente, nenhuma madrasta conseguirá cuidar dele. Isto está previsto para acontecer. Felipe recebe, pela sua deficiência, uma pensão e, com mais um pouco de dinheiro por mês, poderá ficar internado. Com certeza aí sentirá falta da mãe, que sempre o tratou com carinho. O médico encarnado que o examinou pensou, na consulta, em pedir vários exames; pela sua intuição, sentiu que ele estava doente. E está. Felipe é portador de uma doença degenerativa que já começa a se manifestar, porém, para todos e até para a mãe, seus sintomas são apenas falta de coordenação. Está começando a derrubar objetos, a tropeçar, a perder as forças das mãos. Não temos ainda um tratamento eficaz para esta doença. Por isto tanto eu

como o protetor do médico rogamos para ele não pedir exames porque João não tinha como pagá-los. Se tudo ocorrer como previsto, Felipe irá piorar com o tempo até ficar sem movimento, sentirá dificuldades para andar até não conseguir mais fazê-lo, não mover os braços, falar, comer...

– *É o retorno de seus atos!* – Clara se apiedou. – *Quando isso ocorrer, espero que Felipe não se revolte e que, com o sofrimento, não perca a oportunidade de ser uma pessoa melhor. Concluo, meus amigos, que: fazer é fácil, sentir as consequências do que fazemos é que é complicado.*

Concordamos com ela.

Conclusão

Novamente reunimo-nos para uma conversa de amigos e falamos do término deste trabalho.

– *Agradeço* – Huberto estava emocionado – *aos amigos, foi de fato um aprendizado precioso. A conclusão que tirei é de que: quem não perdoa se prejudica. Jesus, em muitos de seus ensinamentos, afirmou a lei universal e infalível da causa e efeito, ação e reação, do retorno ou, como ensina a filosofia oriental, a lei do karma. Se entendêssemos e praticássemos esta lei, não haveria malfeitores sobre a face da Terra, porque compreenderíamos que fazer o mal aos nossos semelhantes é fazer o mal a nós mesmos e, se não queremos ser alvo de uma maldade, não sejamos autores de um mal.*

– Todo ato errado – concluí – é uma ignorância, uma ignorância culpada. A obsessão é um ato equivocado. Temos sempre, tanto no Plano Físico quanto no Espiritual, oportunidades de ter conhecimento e se, podendo, não procurar saber, erra-se, e erros trazem débitos, que têm de ser reparados ou pela dor ou por muito amor. Para não sermos obsediados, devemos não fazer nenhum mal, aprender a ser luz e iluminar aqueles que não gostam de nós.

– O mundo necessita de amor; necessitamos – esta foi a conclusão de Fátima. *– O amor transforma em luz quem está em trevas. A caridade faz o ódio se tornar amor.*

– Semelhante atrai semelhante – Urbano deu sua opinião. *– Quando se aceita uma obsessão, a presença de um ser que o odeia, nivela-se a ele. Obsessor e obsediado são reflexos um do outro. O obsediado tem que entender o porquê de estar nessa situação, pedir perdão, perdoar e sair da faixa de vibração do obsessor, se ligar a seres superiores para ser ajudado por eles. Porque o Universo, o planeta Terra está povoado de espíritos de qualidades várias, mais avançados, iguais e inferiores a nós. Para não termos tentação de obsediar e para não sermos obsediados, devemos nos fortalecer com bons pensamentos, de atos benevolentes, estar firmes na fé, na esperança. Porque, meus amigos, somente nós podemos nos fazer felizes ou infelizes.*

– O que eles perderam? – Clara se manifestou. *– Respondo agora mais para mim mesma. A oportunidade! Como se sofre quando se perde uma oportunidade! De caminhar rumo ao progresso. Ignoraram Deus dentro de si e não O viram em parte alguma nem em ninguém. Porque, se entendermos que Deus está em nós, veremos Deus em todos os nossos semelhantes. Acredito mesmo que eles, ao obsediarem e se deixarem ser obsediados,*

perderam a oportunidade de aprender a amar. – Suspirou. – *Que eu entenda para não perder nada de bom! Que Deus me ajude!*

– *Infelizmente* – Eulália concluiu –, *muitos encarnados não acreditam na interferência de espíritos em suas vidas. Porém uma presença pode ser real sem ser material. A presença de um ser espiritual é a mais real das presenças. Ainda bem que existem desencarnados que, aprendendo a fazer o bem, ajudam e tentam orientar a todos, como em nosso estudo, obsessores e obsediados.*

– *Rogo aos amigos para fazer a oração de encerramento* – pediu Huberto. – *Quero rogar para que eu possa continuar me instruindo para transmitir conhecimentos. Amar o errado e repelir o erro. Agradecer sem exigir agradecimentos. Recitarei agora a minha preferida, a que penso ser completa, a que Jesus nos ensinou: Pai Nosso...* – com voz harmoniosa, recitou-a e, no trecho "perdoai", completou: – *Ajude-me, Pai, a perdoar sempre, porque antes eu receber uma ofensa que ser o ofensor, antes receber mil injustiças a fazer uma, antes ser alvo de muitas maldades que ser o autor de uma somente, porque se agir incorretamente serei eu o mau. Perdoo a tudo e a todos para receber a misericórdia do Seu perdão.*

Emocionado e emocionando, terminou a oração. Abraçamo-nos.

VERA LÚCIA MARINZECK DE CARVALHO

HISTÓRIAS DO PASSADO
Romance | 16x23 cm | 240 páginas

Renata deixou para o pai dois cadernos. O primeiro, de conversas, escritas pela psicografia, que ela teve com a mãe, Sueli. No segundo caderno, Sueli, desencarnada havia anos, conta para a filha as vivências do passado dela e de amigos. Acontecimentos de erros e acertos, em que, pelas dificuldades, aprenderam a ser trabalhadores. Uma grande amizade os uniu e também um amor-paixão, pelo qual agiram erroneamente. Reencarnaram várias vezes, sempre com planos e promessas, mas as dificuldades no Plano Físico foram desculpas para não os cumprirem. No entanto, na última reencarnação, acontecimentos narrados nesta obra, os quatro amigos tentaram, se esforçaram e cumpriram muito do que prometeram, planejaram. O amor se purificou... Que beleza! Ler histórias do passado nos anima, dando-nos a certeza de que, se alguns conseguem ter uma vivência proveitosa, nós também conseguiremos. Não podemos modificar o passado, mas podemos continuar nossa história da forma que queremos e devemos, no presente, para sermos melhores no futuro. A leitura desta obra nos emociona desde o começo e não queremos que chegue ao final. Surpreendente!

Reflexos do passado
Romance| Páginas: 192
14x21 cm

O jardim das rosas
Romance | Páginas: 192
16x23 cm

Aqueles que amam
Romance | Páginas: 192
14x21 cm

DITADO PELO ESPÍRITO ANTÔNIO CARLOS

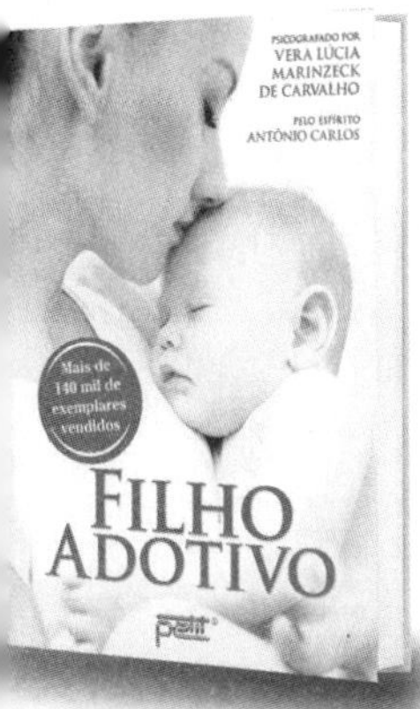

Filho adotivo
Romance | Páginas: 208
16x23 cm

A mansão da pedra torta
Romance | Páginas: 192
16x23 cm

O sonâmbulo
Romance | Páginas: 160
14x21 cm

O céu pode esperar
Romance | Páginas: 192
14x21 cm

A casa do bosque
Romance | Páginas: 200
14x21 cm

Muitos são os chamados
Romance| Páginas: 192
14x21 cm

A casa do penhasco
ditado por: Rosângela
Romance | Páginas: 168
14x21 cm

O que encontrei do outro lado da vida
Romance | Páginas: 192
14x21 cm

Copos que andam
Romance | Páginas: 200
16x23 cm

VERA LÚCIA MARINZECK DE CARVALHO

Cativos e libertos
Romance | Páginas: 288
16x23 cm

O Castelo dos sonhos
Romance | Páginas: 232
14x21 cm

Sonhos de liberdade
Vida no Além | Páginas: 256
14x21 cm

Novamente juntos
Romance | Páginas: 264
16x23 cm

Reparando erros de vidas passadas
Romance | Páginas: 240
14x21 cm

Por que comigo?
Romance | Páginas: 208
16x23 cm

O último jantar
ditado por Jussara | Romance
Páginas: 256 | 14x21 cm

Ah, se eu pudesse
voltar no tempo!
Romance| Páginas: 192
16x23 cm

O difícil caminho das drogas
ditado por Rosangela
Narrativa | Páginas: 208
14x21 cm

Morri! e agora?
Romance | Páginas: 224
14x21 cm

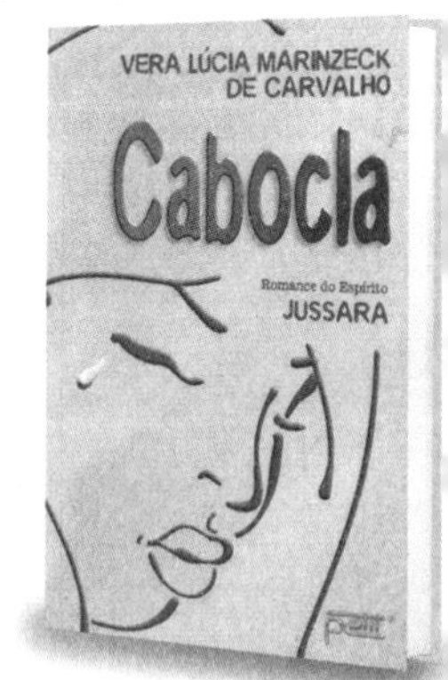

Cabocla
ditado por: Espíritos Diversos
Romance | Páginas: 192
14x21 cm